Bioética

à luz da reflexão cristã católica

O selo DIALÓGICA da Editora InterSaberes faz referência às publicações que privilegiam uma linguagem na qual o autor dialoga com o leitor por meio de recursos textuais e visuais, o que torna o conteúdo muito mais dinâmico. São livros que criam um ambiente de interação com o leitor – seu universo cultural, social e de elaboração de conhecimentos –, possibilitando um real processo de interlocução para que a comunicação se efetive.

Bioética

à luz da reflexão cristã católica

Geni Maria Hoss

EDITORA
intersaberes

Rua Clara Vendramin, 58 . Mossunguê
CEP 81200-170 . Curitiba . PR . Brasil
Fone: (41) 2106-4170
www.intersaberes.com
editora@editoraintersaberes.com.br

Conselho editorial
Dr. Ivo José Both (presidente)
Dr.ª Elena Godoy
Dr. Nelson Luís Dias
Dr. Neri dos Santos
Dr. Ulf Gregor Baranow

Editora-chefe
Lindsay Azambuja

Supervisora editorial
Ariadne Nunes Wenger

Analista editorial
Ariel Martins

Preparação de originais
Juliana Fortunato

Edição de texto
Natasha Suelen Ramos de Saboredo
Flávia Garcia Penna
Viviane Fernanda Voltolini

Capa e projeto gráfico
Iná Trigo (*design*)
Tatiana Kasyanova/
Shutterstock (imagem)

Diagramação
LAB Prodigital

Equipe de *design*
Iná Trigo
Mayra Yoshizawa
Charles L. da Silva

Iconografia
Celia Kikue Suzuki
Regina Claudia Cruz Prestes

1ª edição, 2018.
Foi feito o depósito legal.

Informamos que é de inteira responsabilidade da autora a emissão de conceitos.

Nenhuma parte desta publicação poderá ser reproduzida por qualquer meio ou forma sem a prévia autorização da Editora InterSaberes.

A violação dos direitos autorais é crime estabelecido na Lei n. 9.610/1998 e punido pelo art. 184 do Código Penal.

Dados Internacionais de Catalogação na Publicação (CIP)
(Câmara Brasileira do Livro, SP, Brasil)

Hoss, Geni Maria
  Bioética à luz da reflexão cristã católica/Geni Maria Hoss.
Curitiba: InterSaberes, 2018. (Série Princípios de Teologia
Católica)

  Bibliografia.
  ISBN 978-85-5972-718-0

1. Bioética 2. Bioética – Aspectos religiosos – Igreja Católica
I. Título. II. Série.

18-14768   CDD-174.2

Índices para catálogo sistemático:
1. Bioética   174.2
Iolanda Rodrigues Biode – Bibliotecária – CRB-8/10014

Sumário

Apresentação, 7
Organização didático-pedagógica, 9
Introdução, 13

1 Bioética: história, origem e definição, 17
1.1 Precursores da bioética, 20
1.2 Gritos da humanidade, 25
1.3 Desenvolvimento recente da bioética, 30
1.4 Tecnociência e ciências da vida, 35
1.5 Religiões e debate bioético, 41

2 Dignidade da vida humana, 55
2.1 Conceito de *pessoa*, 58
2.2 Dignidade da pessoa, 62
2.3 Corporeidade, 67
2.4 Liberdade e autonomia, 73
2.5 A dimensão da comunhão, 81

3 Problemas de bioética relacionados à vida humana, 89

3.1 Abertura para a vida, 92
3.2 Impacto das tecnologias no início da vida, 96
3.3 Direito incondicional à vida, 104
3.4 Genoma humano, clonagem e células-tronco, 109
3.5 Vulnerabilidade da vida e proteção especial, 116

4 Problemas relacionados à vida e à morte, 127

4.1 Dilemas e esperanças no fim da vida, 130
4.2 Conceito e desafios éticos da morte natural, 139
4.3 Cuidados paliativos, 144
4.4 Estágios da morte segundo Kübler-Ross, 147
4.5 Morte à luz da fé, 152

5 Problemas relacionados à vida, 159

5.1 Cuidado com a própria vida como missão e responsabilidade, 162
5.2 Relação médico-paciente, 163
5.3 Transplantes e doação de órgãos, 167
5.4 Dependência química, 174
5.5 Integridade física e atentados contra a vida, 179

6 Bioética, sociedade, saúde e qualidade de vida, 193

6.1 Desafios bioéticos na saúde pública, 196
6.2 Princípios da saúde pública, 201
6.3 Políticas públicas de saúde como competência do Estado, 206
6.4 Controle social como competência do cidadão, 209
6.5 Comissões de bioética, 215

Considerações finais, 227
Referências, 231
Bibliografia comentada, 243
Apêndice, 247
Anexos, 249
Sobre a autora, 255

Apresentação

Nesta obra, temos o objetivo de introduzir a área de bioética. Perpassando os capítulos, é possível identificarmos a extensão dos temas e seu caráter interdisciplinar, já que cada assunto remete a outros e, portanto, sinaliza a necessidade de ampliação dos estudos em áreas específicas. Nessa perspectiva, no presente estudo propomos caminhos de aprofundamento, principalmente por meio da bibliografia utilizada.

O livro está estruturado em seis capítulos, que abordam, de maneira progressiva, os temas de bioética mais desafiantes da atualidade. Como esse é um campo de estudos amplo, com abordagens que se estendem a diversas áreas – sendo muito importante o diálogo entre elas –, foi necessário definir um recorte para nossa análise: os desafios éticos relativos à vida humana, tema central tanto nos estudos bioéticos quanto nos estudos teológicos católicos.

A abordagem cristã católica está pautada em documentos, nas declarações, cartas e audiências do Magistério Católico, de órgãos pontifícios e de estudiosos da área, representando uma contribuição efetiva e convincente no cenário da bioética contemporânea. Neste livro, não esgotamos as temáticas que, acompanhando a dinâmica dos avanços científicos e do aprofundamento bioético, estão sujeitas a se expandir e a se renovar continuamente. Entendemos que um diálogo fecundo, à luz da fé cristã, com os diversos saberes requer dos cristãos, em primeiro lugar, o conhecimento que fundamenta suas próprias convicções.

No Capítulo 1, trataremos do contexto histórico e da origem da bioética, a fim de salientar os principais motivadores para seu surgimento e a construção de sua definição.

No Capítulo 2, apresentaremos a importância da dignidade da vida humana, tendo em vista, especialmente, os princípios cristãos católicos.

No Capítulo 3, demonstraremos os problemas da bioética relacionados à vida humana, como o impacto dos avanços científicos e das tecnologias na sociedade atual (fertilização artificial, clonagem, uso de células-tronco etc.), e as discussões sobre o direito à vida desde a concepção.

No Capítulo 4, abordaremos os problemas relacionados à vida e à morte, principalmente no que se refere à eutanásia, à distanásia e à ortotanásia.

No Capítulo 5, discutiremos problemas concernentes à própria vida, como a relação entre médico e paciente, questões que envolvem doação de órgãos e transplantes, problemas da dependência química e o suicídio.

Por fim, no Capítulo 6, trataremos das discussões bioéticas referentes à saúde pública e à sociedade, salientando, sobretudo, a questão da qualidade de vida. Cada tema está dividido em diversos subtemas que contemplam as dimensões e as condições da vida humana.

O estudo da bioética, no contexto da fé cristã católica, em última análise, é o aprofundamento do quinto mandamento: não matar.

Organização didático-pedagógica

Esta seção tem a finalidade de apresentar os recursos de aprendizagem utilizados no decorrer da obra, de modo a evidenciar os aspectos didático-pedagógicos que nortearam o planejamento do material e como o aluno/leitor pode tirar o melhor proveito dos conteúdos para seu aprendizado.

Introdução do capítulo

Logo na abertura do capítulo, você é informado a respeito dos conteúdos que nele serão abordados, bem como dos objetivos que a autora pretende alcançar.

Preste atenção!

Neste boxe, você confere informações complementares a respeito do assunto que está sendo tratado.

Síntese

Você conta, nesta seção, com um recurso que o instigará a fazer uma reflexão sobre os conteúdos estudados, de modo a contribuir para que as conclusões a que você chegou sejam reafirmadas ou redefinidas.

Indicações culturais

Documento eclesial

JOÃO PAULO II. Discurso do Santo Padre João Paulo II aos participantes no XVIII Congresso Internacional sobre os Transplantes. 29 ago. 2000. Disponível em: <https://w2.vatican.va/content/john-paul-ii/pt/speeches/2000/jul-sep/documents/hf_jp-ii_spe_20000829_transplants.html>. Acesso em: 30 mar. 2018.

Trata-se de um discurso de relevância na questão dos transplantes e da doação de órgãos. A questão se tornou mais complexa, o que levou a uma vasta produção sobre o tema; porém, esses ainda são os pilares mais contundentes de que se dispõe até o momento. Duas colunas sustentam a mensagem: de um lado, a doação é um ato de solidariedade a ser encorajado; de outro, há critérios éticos a serem observados com o máximo rigor. O princípio fundamental dessa questão é: doar vida sem prejuízo ao doador e ao receptor.

Filme

UM GOLPE do destino. Direção: Randa Haines. EUA: Buena Vista Pictures, 1991. 122 min.

Jack MacKee é um cirurgião de sucesso, embora seja emocionalmente distante de seus pacientes e seus familiares. Quando desenvolve um tumor maligno e começa a ver a vida e os cuidados hospitalares na perspectiva do paciente, ele percebe que há muita coisa a ser mudada no atendimento: estruturas, regras e a relação médico-paciente. A imersão na realidade do paciente fornece ao médico uma visão mais humanizada dessa relação.

Indicações culturais

Nesta seção, a autora oferece algumas indicações de livros, filmes ou *sites* que podem ajudá-lo a refletir sobre os conteúdos estudados e permitir o aprofundamento em seu processo de aprendizagem.

Atividades de autoavaliação

1. Analise as proposições a seguir e marque V para as alternativas verdadeiras e F para as falsas:
   ( ) A relação médico-paciente é uma relação sujeito-sujeito.
   ( ) O médico tem o direito de definir sozinho as terapias a serem acatadas pelo paciente.
   ( ) O paciente tem o direito de ser informado sobre sua condição e as possibilidades de tratamento.
   ( ) O dever de comunicar com clareza e sinceridade sobre o estado do paciente está previsto no Código Brasileiro de Ética Médica (1988).

   Assinale a alternativa que corresponde à sequência correta:
   a) V, F, V, V.
   b) F, V, V, F.
   c) V, F, F, V.
   d) V, V, V, F.

2. Tendo em vista os critérios éticos que envolvem a doação de órgãos e os transplantes, marque V para as alternativas verdadeiras e F para as falsas:
   ( ) Segundo o Catecismo da Igreja Católica (CIC), a doação de órgãos é um ato de caridade cristã.
   ( ) A doação de órgãos requer o consentimento livre e autocópio do doador, informado pela família ou por responsável legal.
   ( ) A doação presumida ainda está em vigor no Brasil.
   ( ) O transplante pós-morte só pode ser realizado após a morte atestada segundo protocolos aceitos pela comunidade médica internacional.

Atividades de autoavaliação

Com estas questões objetivas, você tem a oportunidade de verificar o grau de assimilação dos conceitos examinados, motivando-se a progredir em seus estudos e a se preparar para outras atividades avaliativas.

Atividades de aprendizagem

Aqui você dispõe de questões cujo objetivo é levá-lo a analisar criticamente determinado assunto e aproximar conhecimentos teóricos e práticos.

Bibliografia comentada

Nesta seção, você encontra comentários acerca de algumas obras de referência para o estudo dos temas examinados.

Introdução

Como extensão das possibilidades humanas, as tecnologias acabam nos encantando e nos incentivando a avançar cada vez mais. A curiosidade natural humana permite aos cientistas descobrir os segredos da vida de maneira cada vez mais precisa e abrangente. O que no passado era considerado mera ficção, atualmente, vem se tornando uma realidade concreta no cotidiano das pessoas.

Nesse contexto, há algumas questões fundamentais, como a divisão em áreas de especialidade, necessária para se alcançar a excelência técnico-científica no campo da vida. Por outro lado, essa divisão gerou a perda de foco na pessoa em sua unidade. A intervenção clínica demasiadamente especializada e técnica facilmente reduz a pessoa a um composto de membros, sem considerar a conexão entre eles e, menos ainda, suas dimensões subjetivas. Esse "desmonte", com vistas a resultados clínicos sempre mais apurados, fere profundamente a dignidade humana.

Ao dispor da vida de outrem, abrem-se perigosos caminhos de manipulação no campo da pesquisa e do cuidado clínico. Por décadas, pesquisadores se valeram da falta de prescrições éticas para realizar pesquisas absurdas, especialmente com pessoas em situação de vulnerabilidade. Os maiores escândalos estiveram relacionados às pesquisas com prisioneiros em campos de concentração durante a Segunda Guerra Mundial, porém esses casos não eram os únicos. Em situação extrema de insegurança, esses prisioneiros foram expostos às maiores atrocidades a que se pode submeter um ser humano.

Embora outros casos emblemáticos em pesquisas com seres humanos tenham interpelado a comunidade internacional a tomar medidas de proteção aos participantes, foi na esteira dos julgamentos dos crimes de guerra em Nuremberg, na Alemanha, que foram estabelecidos os principais critérios éticos de pesquisa, os quais até hoje servem de referência em declarações internacionais e regulamentações nacionais de diversos países. Segundo esses critérios, cabe ao pesquisador provar sua proficiência técnica e científica e a relevância da pesquisa para toda a sociedade. Ao longo do estudo, os participantes devem ter a garantia de condições mais humanas, entre elas o consentimento esclarecido.

Além dessa questão, há os impactos das novas tecnologias médicas nas fronteiras da vida – início e final –, as quais levantam algumas questões éticas na linha das intenções. Por um lado, as possibilidades de intervenção clínica precoce em fetos, com o intuito de promover ou restituir qualidade de vida, são as mesmas que podem manipular a vida ou interrompê-la em decorrência do diagnóstico de doenças ou deficiências físicas, possibilitando o aborto eugênico, uma forma de eliminação humana amplamente repudiada pelos princípios cristãos. Na outra ponta, as condições de antecipar ou distanciar a morte, por vezes, ofuscam a percepção de dignidade de vida também em situação crítica, com sentido pleno.

Como ser autônomo, a pessoa é protagonista de sua própria história, o que inclui responsabilidade ética com relação à própria vida, tendo em vista que o domínio sobre si mesmo não é absoluto. Essa responsabilidade pressupõe um estilo de vida favorável à prevenção, ao tratamento e à manutenção da saúde. A autonomia não é composta apenas da relação entre médico e paciente, pois também é uma questão de responsabilidade ética e cuidado com a própria vida.

Outra questão importante são as conquistas no campo da bioética nos últimos anos, principalmente com relação à bioética do cotidiano. As condições de cuidado com a saúde e seus determinantes, como meio ambiente e água potável, foram incorporados no debate bioético. Esse avanço é especialmente relevante para a bioética do Hemisfério Sul, onde a desigualdade social é um fator extremamente agravante das condições de saúde. De um lado, a vulnerabilidade social favorece a pesquisa sem critérios éticos em troca de auxílio financeiro; de outro, expandem-se e multiplicam-se os desafios da área de saúde e bem-estar.

Esse panorama é parte das realidades humanas que a Igreja Católica identifica como campo no qual os cristãos devem garantir presença significativa, estimulando as comunidades eclesiais a sair de seu nicho interno de conforto e abraçar a promoção da cultura da vida nos pontos em que ela é efetivamente ameaçada. Seja por meio de pastorais organizadas, seja pela participação cidadã de seus membros, esse é um grande desafio para a missão profética da Igreja no mundo.

1
Bioética: história, origem e definição

A ética do comportamento humano tem uma longa história; porém, o acelerado desenvolvimento tecnológico requer novas formas de abordar o tema. As tecnologias ampliam as habilidades humanas e a complexidade das relações com todas as formas de vida existentes, com suas peculiaridades e interdependências. No campo da biomedicina, abriu-se um leque de possiblidades de intervenções clínicas extremamente favoráveis à prevenção, à cura e à manutenção da vida. No entanto, esses avanços também suscitam algumas questões éticas: Pode-se fazer, de fato, tudo o que é possível fazer?

Já no início do século XX, havia pensadores que enalteciam os avanços científicos e ampliavam o debate ético acerca das situações críticas da vida. Na época, em virtude da conturbação em que vivia grande parte dos países, a bioética, ao menos como termo específico relacionado às questões críticas da vida humana e do meio ambiente, não conseguiu se impor e se expandir.

Tendo em vista essas questões, neste capítulo nosso objetivo é versar sobre o desenvolvimento do conceito de *bioética* e suas abordagens; os impactos dos avanços tecnológicos sobre a vida; e a contribuição das religiões na área, sempre atentas ao cuidado com a vida.

1.1 Precursores da bioética

Quando tratamos de precursores, remetemos ao longo desenvolvimento da bioética, desde as primeiras percepções da necessidade de foco no debate sobre as questões da vida até a sistematização do conteúdo e a atualidade da área em pauta. É necessário que façamos um recorte e concentremo-nos em autores diretamente ligados à defesa da vida, embora muitos outros, de alguma maneira, tenham contemplado essas questões. Assim, nesta seção, optamos pela abordagem dos teóricos alemães Paul Max Fritz Jahr (1895-1953) e Albert Schweitzer (1875-1965) – este último, médico e vencedor do Nobel da Paz em 1952 –, tendo em vista suas valiosas contribuições.

1.1.1 O neologismo *bioética* e o imperativo bioético

Descobertas recentes identificaram que o neologismo *bioética* surgiu bem antes de 1970, como se costumava acreditar. Os breves escritos de

Jahr, um valioso legado que se manteve desconhecido por décadas, são um exemplo disso. O autor usou o termo *bioética* no editorial da revista científica *Kosmos*, em 1927 – na grafia da época, *bio-ética* (*Bio-Ehik*). De acordo com Jahr (2013, p. 461), a função da área é rever "as relações éticas dos seres humanos com os animais e plantas". Por alguns anos, acreditou-se que esse foi o uso pioneiro, mas foi descoberto um escrito do autor de 1926 que menciona o termo.

Em sua obra, Jahr (2013) reflete sobre a responsabilidade ética do ser humano com relação à vida dos animais e das plantas, trata dos avanços das biotecnologias da época e vislumbra as possibilidades futuras na área. O autor também faz referência a Arthur Schopenhauer (1788-1860), conhecido por abordar o cuidado e a compaixão com todos os seres vivos[1]. Tal como esse filósofo, Jahr (2013, p. 466) defende a impossibilidade de separar o amor pela vida humana do amor por outras formas de vida, chegando a apontar o amor aos animais como uma espécie de escola de amor pela vida humana: "Quando nutrimos um sentimento de carinho com os animais, não vamos conter a compaixão e a ajuda para com o sofrimento da humanidade".

De maneira hábil e distinta, Jahr pauta, em artigos posteriores, suas reflexões sobre o tema no quinto mandamento de Deus, identificando o amor como raiz e fundamento da fé cristã, que se expressa na compaixão e no cuidado com a vida humana e com todos os seres vivos. Para ele, não há forma de vida que possa ser excluída, pois as interações das diferentes formas não são só toleráveis, mas, sobretudo, necessárias. A saúde de uns depende da saúde dos outros.

As ideias de Jahr também sofreram influência de Karl Christian Friedrich Krause (1781-1832), autor citado inúmeras vezes em seus artigos. A herança do filósofo aparece na compreensão de que as partes de um sistema interagem e são interdependentes, e não meros fragmentos isolados independentes uns dos outros – o que lançou um paradigma

---

[1] Schopenhauer fundamenta essa abordagem nas religiões orientais, marcadas pela relação próxima com todas as formas de vida.

novo para a época. Nessa perspectiva, as necessárias fragmentações com a finalidade de conhecer melhor o mecanismo próprio das partes não podem ser analisadas sem se considerarem suas interações, sempre criativas e significativas para a parte e para o todo. A bioética foca aspectos da vida humana em situação crítica, bem como todas as formas de vida. Por isso, a abordagem de Jahr apresenta ora um toque específico, ora uma ampliação do horizonte para o grande sistema de vida no planeta.

> Pelo que se conhece da história da bioética, Jahr pode ter sido o primeiro a cunhar o termo *bioética*, embora o conteúdo se faça presente também em outros autores da época.
>
> De acordo com Jahr (2013, p. 462), "a Bioética não é só uma descoberta dos tempos modernos. Um bom exemplo do passado é a figura de São Francisco de Assis (1182-1226) com seu grande amor em relação aos animais e compaixão por todas as formas de vida, séculos antes do romanticismo de Rousseau por toda a natureza".

Na esteira de Immanuel Kant (1724-1804), o autor encerra o editorial com um imperativo bioético: "Respeite cada ser vivo por questão de princípios e trate-o, se possível, como tal!" (Jahr, 2013, p. 464). Para Jahr, cada ser vivo deve ser tratado segundo sua particularidade, visto que cada um tem seu próprio sentido de existência, independentemente de valoração sociocultural.

Como tratamos do delineamento prévio de uma terminologia própria para as questões cruciais da vida, vale fazermos uma pequena incursão sobre a importância de especificar a biética para possibilitar um foco mais acertado. Ao mesmo tempo, é preciso precaver a fragmentação do inseparável, a fim de perceber seu contexto, suas interconexões e suas resultantes criativas. Em outras palavras, não se trata de olhar somente para as partes e para a soma delas, mas também para a novidade que resulta da dinâmica dessas interações.

Em referência a Rudolf Eisler (1873-1926), que desenvolveu o termo *biopsicologia*, Jahr criou o conceito de *bioética*. Assim como no campo da psicologia, no âmbito do cuidado do corpo existe um avanço científico e tecnológico que reivindica uma terminologia apropriada para os meios e para os fins. Ao desenvolver esse neologismo, Jahr (2013) revela que o surgimento de novos objetivos vinculados a esses avanços demanda novas reflexões ético-filosóficas. Consequentemente, isso "requer a criação de terminologias novas e claras, a definição de campos na área de humanidades e visões normativas e práticas da bioética e suas subdisciplinas" (Sass, 2013, p. 503).

De acordo com Sass (2013, p. 507), o termo *bioética* "é rico em conteúdo e equilibra valores e objetivos de vida dos seres vivos pela sua luta pela vida e em sua necessidade de alimento, espaço e desenvolvimento". Na relação com os outros seres vivos, Jahr (2013) contempla tanto micróbios e bactérias, essenciais para a subsistência da vida humana, quanto seres que representam um risco para tal sobrevivência. Por isso, "a obrigação e a vontade de viver têm de ser equilibradas com o respeito à vida e ao empenho dos outros" (Sass, 2013, p. 507).

Embora tenhamos explicitado a importância das áreas específicas, devemos ressaltar o risco que elas ocasionam quando são levadas ao extremo, pois podem estar tão desconexas que saber de mais se torna saber de menos: "saber tudo de quase nada. É um paradoxo! Esse conhecimento dificilmente se transforma em sabedoria e não leva em conta a contribuição da perspectiva interdisciplinar" (Pessini, 2009b, p. 7).

Podemos concluir, assim, que existe a necessidade de nomenclaturas próprias para a abordagem de dimensões específicas; entretanto, na prática, não podemos perder de vista o contexto e as interconexões entre as diversas dimensões de uma mesma realidade.

1.1.2 Ética do respeito pela vida

Paralelamente a Jahr, Schweitzer exerceu medicina na África. Atualmente, é considerado um relevante precursor da bioética, embora não tenha usado o mesmo termo de Jahr. Seu precioso legado concerne à reverência pela vida humana e pela vida dos animais, que aparece em diferentes momentos e situações de sua vida. De acordo com Schweitzer (2008, p. 32, tradução nossa), "a reverência pela vida e o viver com a vida do outro é o grande acontecimento do mundo"[2]. O autor também explica a ética do respeito pela vida de maneira muito simples: "Bom é manter e promover a vida, ruim é inibir e destruir a vida"[3] (Schweitzer, 2008, p. 32, tradução nossa). Ele ainda chama a atenção para alguns aspectos interessantes, como o fato de todos os seres vivos conviverem no mesmo ambiente (nossa terra comum), mas somente o humano ser capaz de ter empatia e compaixão pelo seu semelhante e por todos os seres vivos. A natureza é maravilhosa, porém, para o médico, se lemos o livro interno da natureza, deparamo-nos com algo cruel: o impulso pela vida implica uma espécie de egoísmo, pois, na cadeia alimentar, há destruição de vida de uns para manter a vida de outros.

Schweitzer, assim como Jahr, defende a dimensão inclusiva da ética e a sacralidade da vida. Ambos iluminam sua reflexão com os valores cristãos e defendem a unidade do cuidado natural e espiritual:

> A ética do respeito pela vida é a ética do amor estendida para o nível universal. É reconhecida logicamente como a ética de Jesus. [...]. A reverência pela vida vale, portanto, para a vida natural e espiritual. O homem, na parábola de Jesus, não salva apenas a alma

---

[2] "Die Ehrfurcht vor dem Leben und das Miterleben des andern Lebens ist das große Ereignis der Welt".
[3] "Gut ist: Leben erhalten und fördern, schlecht ist: Leben hemmen und zerstören".

da ovelha perdida, mas a ovelha toda. Com a força da reverência pela vida natural, cresce a espiritual.[4] (Schweitzer, 2011, p. 25, tradução nossa)

Embora nesta obra o foco seja a vida humana, não se pode vê-la de maneira isolada – precisamos ver a vida em seu contexto. Ver de forma integrada não significa anular suas particularidades e sua função específica.

Isso nos leva a valiosas reflexões sobre a vida: a vida como um fim em si mesma, cuidada de acordo com suas necessidades e particularidades, pois todas as criaturas estão conectadas e são interdependentes, algo necessário para se manterem vivas.

1.2 Gritos da humanidade

Quando as primeiras tentativas de chamar a atenção para o respeito pela vida ainda eram pontuais e sem grande alcance, avançaram modos de pesquisa e condições que podem ser classificadas como atentados à vida. No afã de evoluir nas pesquisas, embora a finalidade fosse nobre, cometiam-se verdadeiros crimes contra a humanidade por falta de critérios e de responsabilidade ética.

Os sujeitos da pesquisa se encontravam em situação de extrema vulnerabilidade, o que favorecia uma relação díspar entre pesquisador (ou agência pesquisadora) e participantes. Aos poucos, algumas aberrações nos cuidados com as pessoas em circunstâncias de guerra apareceram, o que suscitou muita indignação. A reação veio em forma de definição de critérios pautados no respeito à dignidade humana e a suas expressões.

---

4 "Die Ehrfurcht vor dem Leben gilt also dem natürlichen und dem geistigen Leben miteinander. Der Mann im Gleichnis Jesu rettet nicht die Seele des verlorenen Schafes, sondern das ganze Schaf. Mit der Stärke der Ehrfurcht vor dem natürlichen Leben wächst die vor dem geistigen".

1.2.1 Casos e circunstâncias

Há vários casos de condições e de pesquisas clínicas que se tornaram emblemáticos e contribuíram para o desenvolvimento da bioética. A fim de ilustrar essa questão, apresentaremos o experimento de Tuskegee e os experimentos realizados na Segunda Guerra Mundial.

O primeiro caso, ocorrido nos Estados Unidos, proporcionou questionamentos éticos comuns a outros que foram identificados no decorrer do século XX. Além de seu tempo de duração relativamente longo, esse experimento apresentou particularidades dignas de atenção.

O **experimento de Tuskegee** foi uma pesquisa realizada com 600 negros para avaliar o desenvolvimento da sífilis sem intervenção terapêutica. Essas pessoas, usadas como cobaias, não foram informadas de que eram portadoras da doença nem deram consentimento de participação. Embora no início da pesquisa não houvesse tratamento disponível, durante sua realização foi aprovada uma terapêutica, a qual, infelizmente, não entrou em questão no caso. Assim, sem conhecimento da própria situação, os participantes não tiveram acesso ao tratamento já disponibilizado, condição que levou muitos à morte.

Nos **experimentos realizados na Segunda Guerra Mundial**, foram observados o mesmo descaso com a vida humana e falta de ética científica, mas dessa vez com requintes de crueldade. Segundo informações do Museu Memorial do Holocausto dos Estados Unidos, os experimentos médicos do Terceiro Reich podem ser classificados em três categorias:

1. **Finalidade militar:**

    Em Dachau, médicos da força aérea alemã e da Instituição Experimental Alemã da Aviação realizaram experimentos sobre reações à alta altitude, usando câmaras de baixa pressurização, para determinar a altitude máxima da qual as equipes de aeronaves danificadas poderiam saltar de paraquedas, em segurança. Os cientistas alemães também realizaram experiências de congelamento, utilizando os prisioneiros como cobaias para descobrir um método eficaz de tratamento para a hipotermia. Também os utilizaram para testar vários métodos de transformação da água marinha em água potável. (United States Holocaust Memorial Museum, 1993)

2. **Desenvolvimento de fármaco:**

   Nos campos de concentração de Sachsenhausen, Dachau, Natzweiler, Buchenwald e Neuengamme, os cientistas testaram agentes imunizantes e soros para prevenir e tratar doenças contagiosas como a malária, o tifo, a tuberculose, a febre tifoide, a febre amarela e a hepatite infecciosa, inoculando os prisioneiros com tais doenças. O campo de Ravensbrueck foi o local de experiências cruéis com enxertos ósseos, e onde testaram a eficácia de um novo medicamento desenvolvido, a sulfa (sulfanilamida), às custas das vidas dos prisioneiros. Em Natzweiler e Sachsenhausen, os prisioneiros foram sujeitos aos perigosos gases fosgênio e mostarda, com o objetivo de testar possíveis antídotos. (United States Holocaust Memorial Museum, 1993)

3. **Pesquisas relativas à ideologia racial nazista:**

   As mais infames foram as experiências feitas por Josef Mengele, em Auschwitz, que utilizou gêmeos, crianças e adultos, de forma inumana, e que também coordenou experiências sorológicas em ciganos, tal como fez Werner Fischer, em Sachsenhausen, para determinar como as diferentes "raças" resistiam às diversas doenças contagiosas. As pesquisas desenvolvidas por August Hirt, na Universidade de Strasbourg, tentaram confirmar a pretensa inferioridade racial judaica. (United States Holocaust Memorial Museum, 1993)

Essas e tantas outras pesquisas foram desenvolvidas com muita crueldade, causando sofrimento e custando vidas. Não havia possibilidade de adesão ou de recusa, pois se tratava de um total desrespeito ao ser humano. As pesquisas, sem critério ético mínimo, aconteciam tanto em condições de guerra quanto no cotidiano da sociedade. As reações contundentes que modificaram o olhar para essa triste e desumana realidade foram impulsionadas, especialmente, pelo fato de a maioria (cerca de 85%) das condenações do Tribunal Militar Internacional, em Nuremberg, ser de médicos que realizaram pesquisas com seres humanos durante a Segunda Guerra Mundial, sobretudo nos anos posteriores a 1945.

1.2.2 Feridas da humanidade

O *Código de Nuremberg* (1947) e outras referências marcaram o desenvolvimento da bioética no século XX, como a *Declaração de Helsinki* (1964), resultado da Assembleia Médica Mundial (Finlândia), e o *Relatório de Belmont* (1974), da Comissão Nacional para Proteção dos Seres Humanos da Pesquisa Biomédica e Comportamental (Estados Unidos). Esses documentos não foram os únicos que surgiram no decorrer do século passado, mas representam um marco no desenvolvimento de processos mais humanos das pesquisas com seres humanos.

Todas essas referências são relevantes, porém focaremos principalmente o *Código de Nuremberg*, pelo fato de ser o primeiro a estabelecer os princípios éticos necessários para evitar atrocidades e garantir pesquisas que assegurem o respeito à dignidade da pessoa, pois disciplina as pesquisas com seres humanos.

O documento é constituído por dez princípios básicos fundamentados no respeito. Em síntese, eles garantem aos participantes adesão livre e esclarecida, proteção contra o risco de invalidez ou morte, a possibilidade de se retirarem da pesquisa a qualquer momento e o direito de não serem submetidos a sofrimentos desnecessários. Quanto ao pesquisador, o documento exige que ele tenha qualificação científica e esteja preparado para interromper a pesquisa em qualquer fase, caso se apresentem motivos para isso, como a identificação de riscos para os participantes. Com relação à pesquisa em si, ela deve ser relevante para a sociedade, garantir que o resultado esperado não seja desproporcional ao risco aceitável e apresentar bons resultados em sua fase precedente.

Os documentos e as regulamentações que disciplinam a pesquisa com seres humanos e com animais visam evitar atrocidades e garantir o bem-estar de todos – ou seja, não se trata de inibir ou barrar as pesquisas. O *Código de Nuremberg* é referência não apenas para outros documentos internacionais da área, mas também para inúmeros países que incluíram e ampliaram as diretrizes apresentadas, além de criarem normas próprias.[5] Em 1964, na 18ª Assembleia Médica Mundial, em Helsinki (Finlândia), foi publicada a *Declaração de Helsinki*, atualizada diversas vezes, que assegura as diretrizes do *Código de Nuremberg*.

> Além do caso emblemático de Tuskegee, citado anteriormente, outros casos indignaram as autoridades norte-americanas. Um deles diz repeito a uma pesquisa realizada em 1963 no Hospital Israelita de Doenças Crônicas, em Nova Iorque, quando idosos doentes receberam injeções de células cancerígenas vivas. O segundo aconteceu de 1950 a 1970 no Hospital Estadual de Willowbrook, em Nova Iorque, quando o vírus da hepatite foi injetado em crianças com deficiência mental.

Em virtude desses casos, o Congresso dos Estados Unidos criou, em 1974, a Comissão Nacional de Proteção de Sujeitos Humanos em Pesquisas Biomédicas e Comportamentais (*National Commission for the Protection of Human Subjects of Biomedical and Behavioral Research*), que estabeleceu, em 1978, alguns princípios básicos de ética em pesquisas

---

5 No Brasil, a pesquisa com seres humanos foi disciplinada pela Resolução n. 196 do Conselho Nacional de Saúde (CNS), de 10 de outubro de 1996 (Brasil, 1996), substituída pela Resolução CNS n. 466, de 12 de dezembro de 2012 (Brasil, 2013b).

com seres humanos, os quais constituem o *Relatório de Belmont*: o princípio do respeito às pessoas; o princípio da beneficência; e o princípio da justiça.

1.3 Desenvolvimento recente da bioética

Além da reação às atrocidades e ao tratamento desumano em tempos de guerra ou em pesquisas totalmente desprovidas de critérios éticos e humanitários, a partir de 1970, a bioética se desenvolveu e se expandiu em decorrência de "um duplo fenômeno: por um lado, a revolução biomédica; por outro, a crise da ética universal" (Byk, 2015, p. 19). Embora as questões ambientais nunca ficassem excluídas, dadas as interconexões das diferentes formas de vida no planeta, os desafios relacionados à vida humana receberam atenção especial, em decorrência da intervenção sempre mais impactante realizada por meio da genética e das biotecnologias.

Com os avanços das ciências, nascem novos poderes de intervenção sobre a vida e questionamentos diante da possibilidade de ela não se reduzir ao uso das tecnologias para o tratamento do ser humano. Os questionamentos são igualmente voltados para o futuro da humanidade e do planeta, como podemos identificar no pensamento dos expoentes da bioética, especialmente a partir da década de 1970.

1.3.1 Bioética: a ética da vida

O expoente da bioética é o bioquímico e oncologista Van Rensselaer Potter (1911-2001), que escreveu o livro *Uma ponte para o futuro*, publicado em 1970. Esse autor é considerado por muitos o pai da bioética, pois teria sido o primeiro a usar esse termo. Entretanto, como vimos anteriormente, o primeiro a aplicá-lo foi Jahr. Nessa obra, o autor utiliza o termo *ponte* para salientar a ligação que temos com o futuro da vida e também a ligação entre ciência, tecnologia e ética em todos os tempos.

Potter ocupa um lugar de destaque na área, sendo considerado referência no desenvolvimento e na consolidação da bioética nos meios acadêmico e científico, além de ter expandido a discussão a amplos círculos da sociedade. Atualmente, os avanços científicos têm trazido desafios éticos ainda mais urgentes e complexos.

Hans Jonas (1903-1993), outro pensador relevante da área, deixou como legado *O princípio responsabilidade* (1979), no qual questiona em que medida a sociedade é eticamente responsável pelo futuro da vida na Terra e pelo próprio planeta. Pode a pessoa de hoje ser responsável pelas condições de vida no futuro? Eis a questão. Assim nasce a dimensão ética **intergeracional**.

A linha de pensamento de Jonas se debruça sobre as tecnologias, a fim de identificar como elas mudaram nossa vida, afetando especialmente os âmbitos da comunicação, da mobilidade (transportes) e das biotecnologias, ao passo que filósofos como Kant focaram o ser humano e seu comportamento nos níveis pessoal e relacional. Assim, a partir do século XX, o ser humano foi assinalado por aspectos mais amplos e complexos, como a relação com as novas realidades resultantes dos avanços das ciências e das biotecnologias.

Em 1979, Tom Beauchamp (1939-) e James Childress (1940-) publicaram um livro intitulado *Princípios da ética biomédica*, no qual desenvolveram os fundamentos da abordagem principialista na bioética, com base nos seguintes princípios: beneficência, não maleficência, autonomia e justiça (equidade). A ética da vida, além das questões de fronteira e das situações críticas da vida, inclui os dilemas do cotidiano, um aspecto defendido, entre outros, por Giovanni Berlinguer (1924-2015). Nessa linha de pensamento, estende-se a reflexão bioética para as condições e o cuidado da vida no cotidiano, considerando-se as políticas públicas de saúde, de acessibilidade a tratamentos adequados disponíveis, de saneamento, de segurança alimentar etc.

1.3.2 Paradigmas da bioética

Pelo fato de a bioética tratar do ser humano de forma concreta mediante desafios que implicam sua própria vida, desde cedo sentiu-se a necessidade de estabelecer referências sólidas e objetivas para essa área. Com seu modo de ser e estar no mundo – apesar das dificuldades de se determinarem diretrizes éticas universais –, a bioética precisa de âncoras que permitam um ponto de partida para a reflexão que seja seguro e verdadeiramente conectado com o ser humano.

Como vimos anteriormente, existem defensores de distintas abordagens, como a principialista, proposta por Childress e Beauchamp, e a personalista (ou antropológica), cujo principal expoente é o Cardeal Elio Sgreccia[6]. A segunda está pautada em uma visão de ser humano integral, contemplado em todas as dimensões.

A **abordagem principialista** é de grande aplicação na prática médica, pois a beneficência (fazer o bem) remonta às origens da ética médica no modelo hipocrático da atenção. O foco da beneficência é o cuidado com a saúde, o bem-estar e a qualidade de vida. Por parte dos profissionais da saúde, isso implica um conceito claro sobre o que é o bem para a pessoa sob cuidados médicos: maximizar os benefícios.

Fazer o bem a alguém é uma reta intenção, mas que pode estar carregada de paternalismo. Na saúde, pode-se desenvolver uma relação de poder sobre o paciente, que está duplamente vulnerável: de um lado, pelas incertezas mediante os procedimentos clínicos e suas

---

6 Sgreccia é uma importante referência na abordagem bioética à luz dos valores cristãos, porém não reduzida ao ambiente religioso.

consequências; e, de outro, pela sua própria fragilização. Por isso, é necessário frisar o **respeito pela autonomia**, outro princípio relevante: "A autonomia significa a faculdade de a pessoa governar-se a si mesma, ou a capacidade de se autogovernar, escolher, decidir, avaliar, sem restrições internas e externas" (Pessini, 2009b, p. 40). Nessa relação, o profissional de saúde reconhece o paciente como sujeito que delibera sobre si mesmo e faz escolhas; portanto, nenhuma decisão pode ser unilateral, mesmo que tomada por uma equipe médica, sendo o esclarecimento do paciente e o diálogo fundamentais nesse processo. O paciente ou seu responsável legal deve participar das decisões sobre os procedimentos a serem seguidos, o que exige dos profissionais da saúde comunicação clara e alternativas bem-fundamentadas. A autonomia altera a relação paternalista de médico-sujeito e paciente-objeto para uma relação médico-sujeito e paciente-sujeito.

Nessa abordagem, outro princípio relevante é o da justiça, que aqui não é vista como igualdade absoluta, mas como equidade para tratar cada pessoa (ou a coletividade) segundo suas necessidades. A igualdade, nesse caso, não consiste em oferecer tratamento igual, mas em tratar de acordo com o igual direito de ter suas necessidades satisfeitas. Esse princípio requer conhecimento da conjuntura e das demandas de saúde de determinada coletividade. Pelo princípio da justiça, visa-se "garantir a distribuição justa, equitativa e universal dos benefícios dos serviços da saúde" (Pessini, 2009b, p. 42).

A **abordagem personalista**, ou o personalismo ontologicamente fundado, está centrada na pessoa (*persona*), sendo o critério central para os dilemas éticos a pessoa em sua unitotalidade. Essa abordagem, cujo mentor e expoente é o Cardeal Sgreccia, defende a dignidade humana como condição inerente à existência do ser humano desde a concepção até a morte natural: "Do momento da concepção até a morte, em qualquer situação de sofrimento ou de saúde, é a pessoa humana o ponto de referência e a medida entre o lícito e o não lícito" (Sgreccia, 1996, p. 80).

Tal abordagem contribuiu também para que resoluções e declarações adotassem como critério primordial a dignidade humana. No âmbito da pesquisa, são propostas algumas diretrizes éticas de referência:

- **a intangibilidade e não disponibilidade da pessoa** – no que diz respeito à experimentação dos seres humanos, este valor primário motiva as medidas de segurança e as garantias de inocuidade que se exigem na fase de pesquisa e condenação de todos os abusos;
- **o princípio terapêutico** – justamente pela defesa da vida física como valor fundamental da pessoa, é legítimo enfrentar o sacrifício de uma parte do organismo para a salvação do mesmo organismo, sendo, então, inevitável e justificável um mínimo de risco equilibrado entre riscos e vantagens, para a integridade física do indivíduo com quem se realiza a experimentação;
- **valor da solidariedade social** – é lícito pedir a cada um (considerando sempre os dois valores precedentes) uma quota de sacrifício ou de risco para o bem da sociedade. Existem, porém, dois limites a esse princípio social, de forma que os interesses sociais (coletivo) não se sobreponham aos do indivíduo (pessoa). (Ramos; Lopes, 2010, p. 35, grifo do original)

A adesão consciente e esclarecida à pesquisa é fundamental, já que riscos, como em qualquer intervenção clínica, são legítimos dentro dos limites da integridade da pessoa, mesmo que partes sejam afetadas.

A abordagem personalista é antropocêntrica:

> queremos nos pronunciar pelo antropocentrismo e pelo primado do homem, o que não significa que o homem deva ser o patrão despótico da biosfera, mas responsável administrador da criação e da vida para o bem do homem e das gerações futuras, e dentro do maior respeito à biosfera compatível com o bem do homem. (Sgreccia, 1996, p. 196)

Assim, essa vertente não se restringe ao âmbito eclesial, pois sustenta a defesa da cultura da vida em toda a sociedade, uma vez que o centro unificador é a pessoa em suas múltiplas dimensões.

1.4 Tecnociência e ciências da vida

O desenvolvimento das ciências é um dom e uma tarefa do ser humano. Sua habilidade para entender os mistérios do macro e do microcosmos, aliada a seu impulso natural de curiosidade, permite uma aproximação cada vez maior das particularidades e das exigências próprias da dinâmica da vida no mundo.

Embora o Concílio Vaticano II (1962-1965) tenha reconhecido a autonomia das ciências, a Igreja, consciente de sua missão em todas as realidades do mundo, não abdicou de sua função questionadora com relação aos métodos e às finalidades das pesquisas, tendo em vista seu papel como partícipe da sociedade. Em outras palavras, a Igreja reconhece todo o bem que a ciência pode produzir para a humanidade e também os possíveis objetivos adversos, muitas vezes submissos a poderes econômicos e ideológicos, desprovidos de verdadeiro sentido humanitário.

> Certos cientistas, privados de qualquer referimento ético, correm o risco de não manterem, ao centro de seu interesse, a pessoa e a globalidade da sua vida. Mais, alguns deles, cientes das potencialidades contidas no progresso tecnológico, parecem ceder à lógica do mercado e ainda à tentação dum poder demiúrgico sobre a natureza e o próprio ser humano. (João Paulo II, 2001, p. 65)

As ciências têm grande impacto na vida cotidiana pelas intervenções cada vez mais incisivas sobre a vida, tanto no sentido de melhorar suas condições quanto de alterar seu decurso natural. Assim, embora seja louvável, a ciência pode ocasionar a derrocada da humanidade ao ser conduzida de maneira irresponsável, sem consciência (Sagrada Congregação para a Doutrina da Fé, 1987). Em outros termos, o fato de algo se tornar possível no campo científico não quer dizer que, apenas por esse motivo, é moralmente admissível. Por exemplo, a manipulação da vida pode criar atletas com habilidades sobre-humanas com o objetivo de aumentar indefinidamente seu desempenho, colocando em risco sua vida – trata-se de algo possível, mas inadmissível do ponto de vista moral. Por isso, em todas as circunstâncias e condições, a bioética deve refletir: Como os avanços científicos contribuem para uma autêntica cultura da vida e quais são os desafios éticos deles decorrentes?

1.4.1 Ciências e biotecnologias

O Iluminismo – que ocorreu na Idade Moderna, entre os séculos XVII e XVIII – foi uma corrente intelectual que defendia o conhecimento racional. Seguindo essa linha de pensamento, August Comte (1798-1857), fundador do positivismo, determinou que só o que é experimentável cientificamente pode ser considerado verdadeiro conhecimento. Foi nesse contexto que se inaugurou e se expandiu o paradigma do determinismo científico, segundo o qual tudo é previsível e está definido por leis fixas, devendo-se considerar a lei absoluta da causa e efeito.

> As ciências têm grande impacto na vida cotidiana pelas intervenções cada vez mais incisivas sobre a vida, tanto no sentido de melhorar suas condições quanto de alterar seu decurso natural.

Há uma supervalorização dos resultados obtidos por métodos científicos em detrimento de outras formas de conhecimento, as quais, na lógica do cientificismo, são destituídas de qualquer valor e credibilidade. Nessa visão, a percepção da natureza e de todos os seres vivos segue um itinerário predefinido, portanto absolutamente estático e sem novidades. O adepto do determinismo científico "recusa-se a admitir, como válidas, formas de conhecimento distintas daquelas que são próprias das ciências positivas, relegando para o âmbito da pura imaginação tanto o conhecimento religioso e teológico, como o saber ético e estético" (João Paulo II, 2001, p. 118).

No encalço do cientificismo, aparece a linha de pensamento do niilismo, cujos seguidores "defendem a pesquisa como fim em si mesma, sem esperança nem possibilidade alguma de alcançar a meta da verdade. Na interpretação niilista, a existência é somente uma oportunidade para sensações e experiências onde o efêmero detém o primado" (João Paulo II, 2001, p. 65).

A pesquisa científica, desprovida de qualquer referência de sentido de vida, corre o risco de transformar a pessoa em mero objeto de pesquisa, sem a sensibilidade necessária para os limites das ciências: "Ao pôr de lado a crítica que nasce da avaliação ética, a mentalidade cientificista conseguiu fazer com que muitos aceitassem a ideia de que aquilo que se pode realizar tecnicamente, torna-se por isso mesmo também moralmente admissível" (João Paulo II, 2001, p. 119).

> O Papa João Paulo II (1920-2005), na carta encíclica *Evangelium Vitae* (1995), destaca a área da biomedicina como extremamente promissora e benéfica para a humanidade. No entanto, o pontífice ressalta a importância de as pesquisas biomédicas rejeitarem experiências e pesquisas que violem a dignidade humana, pois isso faz com que a ciência deixe de atuar em prol do ser humano.

Em última análise, o determinismo científico faz valer suas verdades como absolutas, subjugando todas as outras formas de conhecimento do mundo e das coisas. Esse paradigma recebeu duras críticas e, aos poucos, perdeu força. Ernst Peter Fischer (1947-), respeitado crítico das ciências, não só reprova a falta de uma visão integral do ser humano, de sua dimensão subjetiva, como também ressalta a contínua e surpreendente **novidade** em todas as formas de vida. Ao falar sobre o **sentimento perdido**, em referência a Einstein, Fischer (2014) defende que o mais formidável da vida humana é a experiência do mistério.

> A compreensão de que a vida não é mera soma de partes ou engrenagens mecânicas já se encontrava, de forma incipiente, no primeiro delineamento do neologismo *bioética*, de Jahr.

O **paradigma da complexidade** (teoria da complexidade), cujo expoente é o filósofo Edgar Morin (1921-), atualmente domina os debates no âmbito das ciências humanas. Trata-se de um paradigma que implica menos previsibilidade e mais novidade, menos independência e mais interdependência. Assim, o cientificismo, em sua forma tradicional, vai perdendo espaço, assumindo um novo modo de se impor por meio do poder de intervenção nas diferentes formas de vida.

1.4.2 Novos poderes e possibilidades dos avanços tecnológicos

A descoberta do ácido desoxirribonucleico (DNA), feita pelo físico James Watson (1928-) e pelo biólogo, biofísico e neurocientista Francis Crick (1916-2004), foi um grande momento para a ciência. O estudo desses cientistas, publicado em 1953, permite desvendar o ser humano em sua complexidade biológica, mas não em suas características morais e em seus valores intrínsecos. Isso porque se trata da análise objetiva da constituição biológica e de suas possibilidades de intervenção: "o DNA dos cromossomos contém as informações necessárias para que a matéria possa se organizar segundo o esquema típico de uma dada espécie ou ser particular" (CTI, 2004, n. 30).

As ciências nos permitem identificar o modo próprio de o ser humano se organizar, sua *autopoiese*[7] – processo dinâmico que segue a estrutura de determinada espécie, definindo que ela seja sempre a mesma. Essa auto-organização pode sofrer forte impacto tecnológico, pois as tecnologias, como qualquer instrumento inventado pelo ser humano, são uma extensão de suas próprias capacidades e possibilidades. No caso das biotecnologias, abrem-se caminhos para um novo poder, porém não isento de perigos: "O novo poder é de uma medicina que, daqui em diante, tem a possibilidade de intervir nos próprios mecanismos da vida humana e de sua organização" (Byk, 2015, p. 20).

Christian Byk (2015, p. 20) chama a atenção para as incertezas suscitadas pelas ciências biomédicas, pois as intervenções científicas transformadoras podem afetar as referências antropológicas tradicionais: "Se as procriações artificiais transformam o sentido de parentesco e filiação, o diagnóstico genético e a terapia gênica poderiam, além disso, dar outra significação às noções de indivíduo e espécie". Existe, portanto, uma diferença essencial entre recuperar vida e mudar essencialmente seu percurso e sua organização própria.

É nesse ponto que se abre um leque de incertezas e questionamentos éticos: Pode uma geração alterar o curso da vida segundo seus critérios e suas aspirações próprias?

> Certas tentativas de **intervenção sobre o patrimônio cromossômico ou genético** não são terapêuticas, mas tendem à produção de seres humanos selecionados segundo o sexo ou outras qualidades preestabelecidas. Essas manipulações são contrárias à dignidade pessoal do ser humano, à sua integridade e à sua identidade única, não reiterável. (CIC, 1999, p. 592, grifo do original)

---

7 Do grego "criar" ou "produzir-se a si próprio".

Se os processos da vida avançam de modo lento e imperceptível no decorrer de uma ou mais gerações, com o uso das tecnologias, isso pode ser acelerado e mudar de forma radical, ocasionando duras consequências para a humanidade, as quais, mesmo vislumbradas no âmbito científico, não fornecem a certeza necessária para se olhar para o futuro com tranquilidade.

> Com o aumento do poder de escolher novas possibilidades, crescem também a possibilidade de manipulação e as possibilidades de riscos potenciais geradores de danos eticamente inaceitáveis para a humanidade. Este contexto faz com que aumente muito a responsabilidade humana. (Pessini, 2009a, p. 96)

Quanto maiores são os desafios, mais criativos devemos ser para encontrar respostas adequadas. Nesse sentido, não podemos negar ou deixar de questionar as finalidades e as aplicações das ciências e das novidades tecnológicas:

> Estamos diante de um cenário "cinza" de múltiplas incertezas, em que precisamos de luz para um discernimento em relação ao que deveríamos incentivar em termos de avanço científico, bem como exigir uma moratória no desenvolvimento, se necessário. Aqui, a prudência ética tem de ser uma aliada da ousadia científica. (Pessini, 2009a, p. 97)

As ciências não têm a verdade absoluta, e os riscos por elas presumidos podem não se confirmar e fazer mais estragos do que aquilo que é eticamente admissível. Sem critérios éticos com relação ao ser humano, a todas as formas de vida e ao meio ambiente como um todo, as ciências, influenciadas pelos paradigmas dos poderes econômico e político do momento, podem contribuir com rumos capazes de criar um impacto negativo, por vezes irrecuperável: "Precisamos cultivar o conhecimento médico-científico, que, aliado à sabedoria humana, nos libertará de dores, sofrimentos e males incuráveis, não permitindo, nunca, que sejamos transformados em meros objetos ou coisas, expropriados de nossa dignidade" (Pessini, 2009a, p. 89).

Os avanços do conhecimento não apenas possibilitam explicar a vida em sua complexidade, mas também modificá-la e, até mesmo, conjecturar condições técnico-científicas para recriá-la. De certa forma, já é possível deduzir que a evolução natural poderá ser monitorada e direcionada para determinados fins. Desse modo, o futuro pode não ser mais definido pelo compasso da natureza, segundo suas leis próprias, mas por aquilo que é estabelecido no âmbito científico.

1.5 Religiões e debate bioético

As religiões têm relevante papel no debate bioético, porém devem estar conscientes de que se trata de um campo no qual acontecem interpelações e aprendizados recíprocos. Se a ciência necessita de outros olhares sobre o ser humano, a religião também precisa de uma constante investigação do mundo científico, para avaliar, purificar e consolidar suas convicções e seus paradigmas: "A ciência pode purificar a religião do erro e da superstição; a religião pode purificar a ciência da idolatria e dos falsos absolutos. Cada uma delas pode introduzir a outra num mundo mais vasto, num mundo em que ambas podem florescer" (João Paulo II, 1988, citado por Zycinski, 2005). Quando há respeito pela particularidade do outro e abertura para deixar-se interrogar, abre-se um vasto campo para o diálogo e o crescimento.

Pela natureza desta obra, tratamos aqui especificamente da contribuição das religiões para a bioética, mas sempre levando em conta a premissa de reciprocidade. Afinal, são diversos os questionamentos sobre a real relevância das religiões nesse debate.

Seria prudente excluir as religiões do debate bioético? A bioética não poderia ser um meio eficaz para questionar esses aspectos, uma vez que requer um debate amplo e diverso? Como defensoras da vida, não teriam elas valiosa contribuição no âmbito do debate interdisciplinar da bioética? Essas são algumas das questões a que buscaremos responder a seguir.

1.5.1 Convergências em prol da promoção da vida no debate bioético

Para as religiões, o debate bioético constitui um importante espaço de convergência em prol da vida. Se a bioética tem a pretensão de ser a ética das ciências da vida, faz sentido questionar: "Será que ela é capaz de alcançar tal objetivo sem a ajuda dos direitos humanos, sem o apoio da religião?" (Byk, 2015, p. 49). As religiões, unindo forças e preservando sua identidade, fortalecem-se no campo da bioética em função de um valor maior: "A missão da religião não se esgota no espaço do sagrado. Seu lugar está no coração da vida. Quando ela é bem-sucedida, emerge a experiência de Deus, o sentido último e o fio condutor que perpassa e unifica tudo" (Bertachini; Pessini, 2011, p. 270). Essa contribuição ocorre em uma dimensão particular, a partir da visão própria de pessoa e de humanidade.

> As religiões oferecem um modo próprio de cuidar da vida, cultivam um comportamento ético fundamental, pregam a gratuidade e a incondicionalidade do amor e ensinam a desenvolver uma relação equilibrada entre as coisas do mundo e a dimensão espiritual, apontando para o sentido último da existência (Bertachini; Pessini, 2011).

Embora *religião* e *bioética* sejam conceitos distintos, eles "oferecem certa complementariedade que permite orientar o ser humano no exercício de sua liberdade e na busca de um equilíbrio entre poder e responsabilidade" (Byk, 2015, p. 71). Assim, podemos afirmar que a palavra-chave dessa relação é *equilíbrio*.

Longe de pretender frear os avanços científicos, a religião almeja o debate bioético no sentido de salvaguardar diretrizes éticas e respeito à pessoa e à vida como um todo. As abordagens dessa questão não ocorrem em um espaço homogêneo, mas plural e multidisciplinar, no qual o diálogo de diversidades implica uma contribuição a partir dos valores cristãos, que devem ser sempre respeitosos com os outros modos de pensar. Assim, a perspectiva cristã católica "diz que 'Deus é a medida de todas as coisas' e que o ser humano é a imagem e semelhança de Deus, e o que é bom é expresso na 'lei divina'" (Pessini, 2009a, p. 49).

Nessa perspectiva, é preciso considerar que "as teorias teocêntricas ou transcendentais reconhecem uma última fonte de autoridade moral para além do ser humano, que é Deus, ou algum outro ser, fenômeno da natureza, ou outra 'força cósmica', que ditam normas morais ao ser humano" (Pessini, 2009a, p. 49). Ao passo que a moral interna da Igreja se reporta a uma autoridade moral transcendente, sendo apenas indiretamente antropológica, na bioética a fonte da autoridade moral está fundamentada na antropologia. Em outras palavras, a bioética reconhece o ser humano como centro de tudo (antropocentrismo), descartando a possibilidade de uma "autoridade moral além do ser humano, seja como indivíduo, seja como entidade social" (Pessini, 2009a, p. 49).

Apesar de a abordagem teológica apresentar como última referência a dimensão transcendental, houve um avanço significativo nesse campo com a introdução do foco antropológico, mas sempre com o cuidado de não cair no antropocentrismo. Isso significa que essa abordagem está centrada na relação da pessoa com o transcendente e também com as realidades do mundo, executando-se, assim, o projeto de Deus a respeito de si próprio e da humanidade como espaço de comunhão.

A abordagem centrada na pessoa é o ponto de interconexão no qual o diálogo com os diversos saberes e segmentos da sociedade se torna possível. Daí se explica a abordagem personalista, com raízes no âmbito eclesial, mas igualmente relevante em outros espaços de debate sobre questões críticas relativas à vida.

A religião entra em pauta desde o início da bioética, já que uma "questão central para os nossos esforços deve ser a promoção do diálogo entre a ciência e a religião em relação à sobrevivência humana e da biosfera" (Potter, 1994, citado por Pessini, 2014, p. 13). É preciso romper as fronteiras das igrejas e lançar-se nas novas realidades do mundo, particularmente da vida.

1.5.2 Ciências, bioética e fé cristã

O Estado laico não pode deixar de reconhecer o direito e o fato da religiosidade do povo. A opção religiosa implica modos de perceber e interpretar os fenômenos relacionados à vida e à convivência, tanto no âmbito pessoal quanto no coletivo. Além disso, não podemos ignorar o longo histórico das instituições religiosas no cuidado com a vida:

> depois do Pontificado de Pio XII [entre 1939 e 1958], com seus sucessores, a reflexão da moral católica no campo médico passou por um contínuo enriquecimento: também no campo internacional, os pronunciamentos das Igrejas em geral e da Igreja Católica em particular são objeto de atenta consideração, até porque o médico não pode ignorá-las, seja em razão de sua própria eventual pertença a uma religião, seja em razão da obediência religiosa do paciente, seja ainda pelas razões objetivas sobre as quais se funda a indicação ou a norma moral. (Sgreccia, 1996, p. 39-40)

No âmbito cristão, o passado conflituoso entre fé e ciência ainda hoje confunde e atrapalha algumas iniciativas de diálogo, visto que a aproximação entre as áreas, nas últimas décadas, ocorreu prioritariamente nos espaços científico e acadêmico, nem sempre alcançando a sociedade como um todo. No entanto, não devemos nos ater ao relato e à análise das adversidades do passado nesse campo, mas ao estado atual, extremamente relevante para o debate bioético. Por isso, fundamentaremos esta seção no Concílio Vaticano II, cujos antecedentes e desdobramentos, até os dias atuais, confirmam a autonomia das ciências, principalmente no que se refere aos estudos do ser humano que contemplam a mesma realidade que a Igreja abraçou como causa própria.

Para a Igreja Católica, existe compatibilidade entre as pesquisas realizadas com critérios éticos e a fé cristã:

> A investigação metódica em todas as disciplinas, feita cientificamente e levando em conta as exigências morais intrínsecas ao próprio ser humano, jamais entrará em conflito com a fé, pois uma só e mesma é a origem das criaturas e da fé. Quem investiga com humildade e perseverança o segredo das coisas é conduzido, mesmo sem saber, pela mão de Deus, que a todas sustenta e faz serem o que são. (Concílio Vaticano II, 2011, p. 496)

A autonomia das ciências não exclui, portanto, os questionamentos éticos referentes aos procedimentos, aos limites, às finalidades e à independência de pressões ideológicas, econômicas e políticas. No complexo mundo das pesquisas, é preciso salvaguardar alguns valores fundamentais pautados na dignidade humana, tendo em vista a existência e os valores morais do indivíduo e da sociedade:

> A ciência e a técnica são recursos preciosos postos a serviço do homem e promovem seu desenvolvimento integral em benefício de todos; contudo, não podem indicar sozinhas o sentido da existência e do progresso humano. A ciência e a técnica estão ordenadas para o homem, do qual provêm sua origem e seu crescimento; portanto,

encontram na pessoa e em seus valores morais a indicação de sua finalidade e a consciência de seus limites. (CIC, 1999, p. 597)

A abordagem bioética, no âmbito teológico-pastoral, deve caracterizar-se por um diálogo contínuo e atualizado entre fé e ciência, com abertura recíproca, por fundamentos sólidos e por respeito pela diversidade. Um campo extremamente relevante nesse contexto é o da antropologia cristã, cuja visão sobre o indivíduo e sua dignidade entra em questão. De um lado, essa área está ancorada na fé trinitária e, de outro, na experiência histórica. A pessoa, criada à imagem e semelhança de Deus, vive sua plenitude quando vive intensamente a identidade pessoal e a comunhão, segundo o modelo da Trindade.

Uma das contribuições mais relevantes da religião e da teologia para a bioética é a defesa de uma abordagem integral do ser humano. Ao passo que as ciências, com suas diversas especialidades, tendem a fragmentar a pessoa de acordo com seu objeto de pesquisa, no âmbito teológico-pastoral, superada a dicotomia corpo e alma, a pessoa é contemplada em todas as suas dimensões, em uma abordagem enriquecedora para as ciências, visto que preserva uma finalidade ética e ajuda a superar o utilitarismo no âmbito científico. Esse novo paradigma evita o risco de reducionismos e de cuidado parcial com a pessoa:

> O desvelo do teólogo pelo outro vai levá-lo a denunciar os diferentes reducionismos que ameaçam as ciências biomédicas. Ora ele questionará o individualismo exacerbado de nossas sociedades, ora se interrogará sobre o sentido da tecnociência. Em outros momentos, sua crítica incidirá sobre a pretensa objetividade das pessoas encarregadas de tomar decisões no domínio biomédico. (Byk, 2015, p. 50)

A abordagem teológica enriquece o debate bioético ao incluir a espiritualidade, uma dimensão humana também reconhecida em segmentos fora do ambiente eclesial. Aqui ressaltamos a espiritualidade cristã, do "encontro pessoal com o Senhor, [que] integra muito o corpóreo, o sensível, o simbólico e as necessidades mais concretas das pessoas" (Celam, 2008, p. 122). Há uma relação profunda entre as diferentes dimensões humanas, não podendo o debate bioético ser realizado de forma desconexa, já que trazer a espiritualidade para a área não só amplia a visão de ser humano, mas também agrega novos valores relacionados aos cuidados com a vida.

Cabe ressaltarmos o empenho concreto da Igreja Católica em favor da vida, independentemente do desenvolvimento do neologismo *bioética*. Os temas que constituem o objeto de reflexão bioética foram abordados pela Igreja de diversas maneiras, à medida que se tornaram evidentes, deixando a discussão cada vez mais ampla e consistente.

> A abordagem teológica enriquece o debate bioético ao incluir a espiritualidade.

A sensibilização sempre maior e o desenvolvimento de habilidades para os diversos saberes e segmentos da sociedade tornaram a presença da Igreja no mundo mais significativa: "Temos um desafio: realizar alguns discernimentos éticos fundamentais à luz dos valores cristãos relacionados com a pessoa humana [...], os valores cristãos são uma luz de esperança e de afirmação da vida para a humanidade" (Celam, 2010, p. 60).

Em diferentes momentos, a Igreja demonstrou grandes dificuldades para acompanhar o compasso do tempo, tornando-se, em algumas circunstâncias, obsoleta na perspectiva de quem está inserido efetivamente nas realidades humanas. É preciso, porém, considerar sua postura prudente diante dos vislumbres científicos, cujos resultados podem ser desastrosos para a humanidade. É sabedoria ética apelar para o **princípio da precaução** (pp), o qual está diretamente relacionado à noção de dano e risco. De acordo com esse princípio, as pesquisas com seres humanos, bem como as intervenções clínicas – que implicam riscos próprios –, devem passar por uma avaliação minuciosa com o intuito de eliminar ou, ao menos, minimizar as possibilidades de riscos e danos

(Pessini, 2009a). É, portanto, preciso ponderar as consequências dos procedimentos também à luz dos valores éticos. Nesse caso, avalia-se igualmente a **proporcionalidade** entre os riscos inerentes à ação, por ora inevitáveis, e os resultados esperados. Particularmente no campo da pesquisa, vale que o "risco a que se expõe o voluntário não pode e não deve, de qualquer modo, superar a barreira da vida e da integridade substancial. Este é o limite de disponibilidade que o indivíduo tem, até em relação a si mesmo" (Sgreccia, 1996, p. 545).

A reflexão e os ensinamentos da Igreja são aprofundados em instâncias internas próprias, com a participação de especialistas de diversos saberes e modos de abordagem. Vale destacarmos academias com suas respectivas finalidades, conforme informativo da Santa Sé (2018):

- A **Pontifícia Academia de Ciências**, cuja atual nomenclatura[8] foi estabelecida pelo Papa Pio XI (1857-1939), em 1936, tem como objetivo favorecer investigações científicas segundo critérios éticos e garantir a liberdade da área.
- A **Pontifícia Academia das Ciências Sociais**, criada pelo Papa João Paulo II, em 1994, tem como função promover o diálogo interdisciplinar sobre desafios que afetam o ser humano.
- A **Pontifícia Academia para a Vida**, também criada pelo Papa João Paulo II, em 1994, tem como finalidade aprofundar os desafios da biomedicina, atuando em cooperação com o Pontifício Conselho para Pastoral no Campo da Saúde.[9]

Tanto o Magistério quanto os diversos conselhos pontifícios relacionados à defesa da vida publicaram importantes documentos com análises, fundamentações e diretrizes para o desenvolvimento de uma cultura da vida. Entre eles, merecem atenção as encíclicas *Humanae*

---

[8] Originalmente, foi fundada sob outra nomenclatura, em 1603.

[9] O Pontifício Conselho para Pastoral no Campo da Saúde foi integrado no Dicastério para o Serviço do Desenvolvimento Integral, criado pelo Papa Francisco, em 2016.

Vitae (Paulo VI, 1968) e *Evangelium Vitae* (João Paulo II, 1995); as instruções *Donum Vitae*[10] (Sagrada Congregação para a Doutrina da Fé, 1987) e *Dignitas Personae*[11] (Congregação para a Doutrina da Fé, 2008); e a *Declaração sobre a eutanásia* (Sagrada Congregação para a Doutrina da Fé, 1980).

O debate da Igreja se fortalece de modo particular por meio de uma federação internacional que reúne os centros de estudos específicos, a qual já realizou diversos congressos sobre o tema. A Federação Internacional de Centros e Institutos de Bioética de Inspiração Personalista (Fibip) é uma instância relevante de aprofundamento dos dilemas bioéticos, constituindo uma importante via de diálogo com os diversos saberes, especialmente no campo das ciências humanas e da natureza.

Na América Latina, os temas dos documentos citados e tantos outros repercutiram em documentos da Igreja local. Nesse sentido, tanto as conclusões das Assembleias Gerais dos Bispos da América Latina (Celam) quanto as conferências de cada país abordaram os temas em documentos e posicionamentos sobre situações específicas.

A Conferência Nacional dos Bispos do Brasil (CNBB), por exemplo, dispõe das **Campanhas da Fraternidade**, de longa tradição (desde 1964), para abordar temas atuais e relevantes referentes às dimensões da sustentabilidade, dos pontos de vista econômico, social e ecológico. Embora sejam campanhas próprias de um período específico – a Quaresma –, seus conteúdos, como temas centrais da promoção e da proteção da vida, repercutem na dinâmica da Igreja como um todo.[12]

---

10 Sobre a vida humana nascente.

11 Sobre a procriação humana.

12 Embora todas as campanhas defendam uma dimensão da vida, podem-se destacar aqui alguns temas recentes relacionados ao cuidado com a vida humana e com o planeta: defesa da vida (2008); vida no planeta (2011); saúde pública (2012); casa comum, nossa responsabilidade (2016); e biomas brasileiros e defesa da vida (2017).

Outras manifestações importantes sobre temas de bioética são as mensagens da Santa Sé para eventos internacionais da Organização das Nações Unidas (ONU), incluindo as conferências sobre o meio ambiente e o clima. Nestas, a Santa Sé manifesta-se no sentido de salvaguardar a ecologia humana, ou seja, visa proporcionar reflexões e decisões que tenham como prioridade o cuidado humano, artífice do cuidado com o meio ambiente.

Síntese

Neste capítulo, apresentamos os motivadores da criação da área da bioética, tão importante para compreendermos e tratarmos os dilemas da vida.

Inicialmente, discorremos sobre o surgimento do termo *bioética*. Fritz Jahr e Albert Schweitzer, em ambientes distintos, abordaram os desafios éticos com relação à vida humana e às outras formas de vida no planeta. Embora pudessem apenas vislumbrar a complexidade dos desafios com os quais a humanidade se confrontaria quase um século depois, desde o início, houve a consciência das interconexões entre as formas de vida e da necessidade de cuidar do equilíbrio da biosfera.

O desenvolvimento da bioética recebeu impulso a partir dos anos 1970, paralelamente a muitos e rasantes avanços científicos. Cuidar da vida humana e do ambiente se tornou mais desafiante. A diversidade de abordagens, com pensadores de várias nações e continentes, enriqueceu e consolidou o debate bioético e o expandiu mundo afora.

Após apresentarmos o contexto histórico da bioética no campo científico, demonstramos de que maneira a Igreja se insere nesse debate. As questões éticas e morais nunca foram estranhas no ambiente eclesial, tendo em vista que a Igreja é aberta ao diálogo e comprometida com cada realidade humana, sendo imprescindível sua participação no debate bioético como forma de presença significativa na sociedade.

A Igreja, além de ser importante nessa área, também foi vanguardista ao oferecer ampla bibliografia e se fazer presente, de forma efetiva, nos debates internacionais.

Como representante eclesial no debate bioético, apresentamos o Cardeal Sgreccia, que, além de pautar sua abordagem nos princípios e valores cristãos, desenvolveu-a em um ambiente de muito diálogo e encontro com outras formas de pensar. Daí o valor de sua contribuição também em outros ambientes religiosos e da sociedade em geral.

Assim, evidenciamos de que maneira as reflexões cristãs católicas são relevantes no campo da bioética, tendo em vista o necessário questionamento das práticas científicas, que sempre devem ser aplicadas em prol do ser humano.

Indicações culturais

Artigo

PESSINI, L. As origens da bioética: do credo bioético de Potter ao imperativo bioético de Fritz Jahr. **Revista Bioética**, São Paulo, v. 21, n. 1, p. 9-19. 2013. Disponível em: <http://www.scielo.br/pdf/bioet/v21n1/a02v21n1>. Acesso em: 8 mar. 2018.

Além dos dados históricos sobre a origem da bioética de Fritz Jahr e de Van Rensselaer Potter, Pessini apresenta, nesse artigo, uma síntese e a aplicabilidade do credo bioético de Potter e do imperativo bioético de Jahr.

Filme

O JULGAMENTO de Nuremberg. Direção: Ives Simoneau. Canadá; EUA: TNT, 2000. 180 min.

O filme retrata o primeiro julgamento de crimes contra a humanidade e mostra os encaminhamentos para o julgamento de oficiais nazistas na cidade de Nuremberg, na Alemanha. A obra é relevante para a área de bioética, na medida em que a maioria dos condenados eram médicos. Os julgamentos do tribunal, que ocorreram entre 1945 e 1949, foram decisivos para a definição de critérios éticos mínimos para a pesquisa científica.

Atividades de autoavaliação

1. Analise as assertivas a seguir e marque V para as verdadeiras e F para as falsas:
   ( ) Segundo as atuais pesquisas, o pioneiro no delineamento do termo *bioética* foi Fritz Jahr, em 1926, no contexto das relações éticas do ser humano com animais e plantas.
   ( ) O principal legado de Albert Schweitzer com relação à responsabilidade ética da vida são suas composições musicais.
   ( ) O imperativo bioético de Fritz Jahr contempla a responsabilidade ética em relação a todos os seres vivos.
   ( ) A reverência pela vida, no pensamento de Albert Schweitzer, refere-se, ao mesmo tempo, à vida natural e à espiritual.

   Assinale a alternativa que corresponde à sequência correta:
   a) V, F, V, V.
   b) F, V, V, F.
   c) V, F, F, V.
   d) F, F, F, V.

2. Analise as assertivas a seguir e marque V para as verdadeiras e F para as falsas:
   ( ) As experiências médicas realizadas durante a Segunda Guerra Mundial seguiram critérios humanitários aceitos pela comunidade internacional.
   ( ) A falta de diretrizes éticas em pesquisas com seres humanos prejudicou os grupos vulneráveis.

( ) O *Código de Nuremberg* estabelece critérios éticos para pesquisas com seres humanos.

( ) O consentimento livre e esclarecido é uma das contribuições fundamentais das regulamentações de ética em pesquisa com seres humanos.

Assinale a alternativa que corresponde à sequência correta:
a) V, F, V, F.
b) F, V, V, V.
c) V, F, F, V.
d) F, V, F, V.

3. Assinale a alternativa que corresponde aos princípios da abordagem principialista:
   a) Fé, esperança e caridade.
   b) Prudência, temperança, fortaleza e justiça.
   c) Coragem, verdade, honra e fidelidade.
   d) Beneficência, não maleficência, autonomia e justiça (equidade).

4. Analise as assertivas a seguir e marque V para as verdadeiras e F para as falsas:
   ( ) As ciências avançam continuamente graças à curiosidade natural do ser humano.
   ( ) O DNA, descoberto por James Watson e Francis Crick, é uma das revoluções científicas do século XX.
   ( ) A ciência é o único caminho para a aquisição de conhecimento.
   ( ) Além das terapias de alta complexidade, os avanços científicos implicam riscos de manipulação da vida.

Assinale a alternativa que corresponde à sequência correta:
a) V, V, F, V.
b) F, V, V, V.
c) V, F, F, V.
d) F, F, F, V.

5. Assinale a alternativa que explica a relação entre as religiões e as ciências:
   a) As ciências dependem do aval técnico das igrejas para realizar pesquisas.
   b) O Concílio Vaticano II afirmou a autonomia das ciências; no entanto, a Igreja deve participar do debate sobre a responsabilidade ética nas pesquisas.
   c) As ciências são uma realidade mundana, por isso não compete às religiões questioná-las a respeito de seus processos.
   d) As religiões estabelecem as pesquisas a serem efetivadas pelas ciências.

Atividades de aprendizagem

Questões para reflexão

1. Atualmente, quais são as questões mais urgentes que justificam um amplo debate bioético?
2. A responsabilidade ética para com os animais e o meio ambiente é uma forma de cuidado com a vida humana? Por quê?

Atividade aplicada: prática

1. Identifique em seus ambientes familiar, profissional e eclesial o que as pessoas sabem sobre a bioética. Na sequência, questione-as sobre casos complexos em que tiveram de tomar decisões difíceis.

2
Dignidade da vida humana[1]

---
[1] Todas as passagens bíblicas indicadas neste capítulo são citações de Bíblia (2002).

Uma das conquistas mais preciosas do Concílio Vaticano II é de caráter antropológico. A visão da pessoa integral abriu caminho para o diálogo com os diversos saberes das ciências humanas e da vida. Assim, a referência do agir da Igreja passou a ser a pessoa em todas as suas necessidades. Esse paradigma da unidade, da unitotalidade, amplia a visão da vida e afirma a dimensão espiritual-religiosa.

A concepção bíblica de *pessoa* sempre privilegiou sua unidade; por isso, defender a pessoa e sua dignidade com base na fé cristã não significa oposição à defesa nos campos civil e jurídico. Afinal, a Igreja busca como referência valores que transcendam os da cultura e da interpretação contextualizada, tendo em vista a essência humana. Por esse motivo, o diálogo teológico-pastoral com as ciências humanas e as diferentes esferas da sociedade pode ser enriquecedor para ambas as partes.

Com base nisso, este capítulo trata da dignidade humana e de seus conceitos fundamentais correlatos, como *pessoa, corporeidade, liberdade* e *autonomia*, e do ser humano como identidade e relação.

2.1 Conceito de *pessoa*

Iniciar nossa análise pelo conceito de *pessoa* é uma exigência para compreendermos o que ocasiona a diversidade de abordagens sobre dignidade, que vão desde a percepção da dimensão inerente à pessoa até a dimensão atribuída a ela. O conceito de *pessoa* é essencial para tratar situações cruciais da vida à luz da fé, uma vez que somente com boa fundamentação podemos promover a vida no sentido pleno e reagir às pressões e às coações em função de interesses adversos à dignidade humana.

2.1.1 Origem do conceito

As múltiplas abordagens requerem uma referência ética e moral comum e segura, pois o objeto de estudo da bioética é, na verdade, um sujeito cuja identidade e cujo sentido último não são dados segundo apreciações pontuais: "Se nós, como humanos, confrontamos os desafios e dilemas da biotecnologia contemporânea, deve haver alguma fonte comum de acordo sobre o que é e o que não é moralmente aceitável em relação ao que significa ser humano" (Pessini, 2009a, p. 57).

A etimologia da palavra *pessoa*, ou *persona*, vem do latim *per sonare*[2]. Nos séculos IV e V, o termo *persona* passou a ser usado para fazer referência às máscaras usadas pelos atores no teatro. Aos poucos, esse significado de mera aparência externa, estranha a seu portador, foi perdendo força e, assim, acabou por dar lugar a novos significados relativos à construção da identidade do ser humano.

Atualmente, alguns autores atribuem ao conceito de *pessoa* características humanas, como autoconsciência (Peter Singer) e desenvolvimento neurológico (John Eccles). Contudo, isso abre precedentes para o seguinte questionamento: Diferentes graus de desenvolvimento não resultariam em ser mais ou menos pessoa?

> Tristram Engelhardt definiu a pessoa pela autonomia da vontade, distinguindo assim o conceito de pessoa do de ser humano. Recusando todo critério biológico para definir a pessoa, ele sustenta que a posse do genoma humano não faz o ser humano, a pessoa sendo antes de tudo um ser racional capaz de se dar normas "universalizáveis". (Durand, 2007, p. 284)

De acordo com o filósofo H. Tristram Engelhardt (1941-), a pessoa se desenvolve paulatinamente. Seguindo essa lógica, *ser humano* e *pessoa* são coisas distintas, principalmente ao termos em vista que a última está atrelada à capacidade de apreciação ética. Tais visões permitem ponderar que

> os fetos, as crianças, os profundamente atingidos por doenças mentais, os seres humanos em coma sem esperança de cura são exemplos de seres da espécie humana, mas que não fazem parte da

---

[2] Em grego, usavam-se os termos *prosôpon* e *hypostasis* como sinônimos de *persona*: "*Prosôpon* é o equivalente bastante exato de *persona*. Ele significa a face, o rosto, e também o rosto artificial, a máscara do teatro; daí designou a pessoa gramatical. A evolução filosófica conduzirá ao sentido geral de pessoa" (Sesboüé, 2002).

comunidade das pessoas. Segundo Engelhardt, há [...] no interior da espécie humana pessoas e não pessoas: algumas ainda não são pessoas, mas ao que tudo indica serão; outras não são mais depois de terem sido; outras, por fim, jamais serão. (Durand, 2007, p. 284)

Nessa linha de pensamento, apresentam-se problemas entre os **direitos da pessoa** (direitos plenos) e os **direitos da não pessoa** (direitos mais frágeis), já que problemas biomédicos mais graves poderiam ter impacto no direito aos cuidados, especialmente, de conforto e bem-estar.

As **teorias antropológicas** podem ser consideradas excessivamente teóricas, sem conexão com a realidade e pouco úteis na aplicação prática, sobretudo nos dilemas bioéticos. Porém, a teoria é uma âncora para a prática refletida, que ajuda a tomar decisões com base em referências consistentes, e não no mero seguimento de proposições e de coações externas, muitas vezes infundadas e a serviço de interesses alheios ao bem da pessoa e da sociedade. As práticas seguras, no entanto, não se pautam em qualquer teoria, pois esta pode não estar assentada nos valores da pessoa, no sentido de sua existência, e pode ser resultado de interesses desconformes com a dignidade humana. A própria pessoa pode se perceber de tal forma subjetiva que seus desejos pessoais, muitas vezes sob influência externa, acabam tornando-se referência para suas decisões, mas sem deixá-la mais segura e tranquila.

Ao nos depararmos com tantos conceitos, é preciso analisar o que cada um traz de valor existencial ou de interesse pontual. De alguma maneira, uma concepção diferente pode interpelar as próprias convicções. Questionar-se sobre os próprios conceitos e convicções ajuda a purificá-los, atualizá-los e consolidá-los. São várias as tentativas de encontrar um denominador comum universal quando se trata de temas como ética, promoção da vida, dignidade da pessoa e integralidade corporal psíquica, social e espiritual – o que corresponde à possibilidade de superação do subjetivismo e do relativismo ético. Essas diferentes teorias requerem diálogo aberto, franco e bem-fundamentado, a fim de que não se crie um clima de **inimigos morais**, mas de encontro de pensamentos diversos, em que cada um se pauta em alguma dimensão humana relevante a ser analisada. Por isso, é importante compreender os diversos conceitos para entendermos a pluralidade de modelos bioéticos.

2.1.2 Conceito de *pessoa* à luz da fé cristã

Entender o significado de *pessoa* é essencial para se vislumbrar a Trindade como mistério e como sentido e referência última da pessoa humana. O legado de Santo Agostinho é a atribuição desse conceito à Trindade, que é a fundamentação do termo no âmbito cristão. Em outras palavras, no catolicismo, a referência para se falar de *pessoa* é a própria Trindade. O conceito *pessoa* tem raízes no âmago da fé: um só Deus e três pessoas.

O ser humano é pessoa com a capacidade de saber sobre o transcendente e de se relacionar com Deus, que, à luz da fé cristã, é um Deus pessoal, que tem vontade e é capaz de exercer a liberdade e compreender o sentido da vida. Por isso, compreende-se como significado e sentido de vida. A pessoa é capaz de Deus, de viver em aliança com Ele, pois "'Crer' é um ato humano, consciente e livre, que corresponde à dignidade da pessoa humana" (CIC, 1999, p. 51). O ser humano é pessoa em sua totalidade: "O corpo do homem participa da dignidade da 'imagem de Deus': ele é corpo humano precisamente porque é animado pela alma espiritual, e é a pessoa humana inteira que está destinada a tornar-se, no Corpo de Cristo, o Templo do Espírito" (CIC, 1999).

> No catolicismo, a referência para se falar de pessoa é a própria Trindade.

Por sua Encarnação, Cristo revelou a plenitude do ser humano:

> A fé cristã nos mostra Jesus Cristo como a verdade última do ser humano, o modelo no qual o ser humano se realiza em todo o seu esplendor ontológico e existencial. Anunciá-lo integralmente em nossos dias exige coragem e espírito profético. Neutralizar a cultura de morte com a cultura cristã da solidariedade é imperativo que diz respeito a todos nós [...]. (Celam, 2008, p. 217)

A existência está relacionada diretamente ao ser pessoa, independentemente das condições do humano. Para a bioética à luz da fé cristã, é relevante assegurar que a existência da natureza humana sempre está relacionada ao ser pessoa (Duarte, 2010).

Nas questões complexas da vida humana, é necessário haver um discernimento cada vez mais apurado e convincente, já que temos de "discernir e optar por um modelo afinado com a perspectiva dos valores cristãos evangélicos" (Pessini, 2009a, p. 59). O ser humano não se torna pessoa, ele é pessoa. Isso não se deve somente ao exercício de operações e de funções que lhe são próprias, mas a toda a sua existência. Portanto, não há níveis quantitativos ou qualificativos para defini-lo: o ser humano é sempre e inteiramente pessoa.

2.2 Dignidade da pessoa

À luz da fé cristã, a dignidade da pessoa se fundamenta na criação do ser humano à imagem de Deus. É preciso entender a vida humana em todas as dimensões e também na extensão de sua existência física e espiritual, o que inclui, portanto, a dimensão escatológica. A esperança na ressurreição ilumina a experiência histórica do ser humano: "O homem é chamado a uma plenitude de vida que se estende muito para além das dimensões da sua existência terrena, porque consiste na participação da própria vida de Deus" (João Paulo II, 1995, n. 2, p. 2). No campo da bioética, o debate se realiza sob diversos olhares e, justamente por isso, em um ambiente plural, o que constitui um grande desafio para os diversos atores eclesiais e sociais.

2.2.1 Dignidade sob diversos olhares

A filosofia antiga relaciona a dignidade humana a habilidades próprias do ser humano, como a "capacidade de pensar e conduzir a própria existência, desde a razão" (Soares, 2010, p. 80). Já Immanuel Kant (1724-1804) acentua capacidades como a autonomia e a submissão livre às leis morais.

Na pós-modernidade, passou-se a destacar elementos do estado democrático, das relações e da utilidade social. De alguma maneira, todas essas interpretações implicam condicionantes.

Na perspectiva cristã, referência da abordagem personalista, a dignidade não depende de fatores externos, visto que é inerente à existência da pessoa e, como tal, não está sujeita a apreciações e a interpretações culturais e ideológicas. Sem reduzir a atribuição de qualidades, que podem ser graduadas subjetivamente, a definição é mais desafiante: é preciso assegurar que, à luz da fé, cada "homem, em particular, foi criado por Deus [...]. É neste fato que repousa a dignidade humana" (Soares, 2010, p. 80).

O conceito de *dignidade humana* não é unânime. Ele está presente em muitas constituições nacionais e declarações de organizações internacionais relevantes, como a Organização das Nações Unidas (ONU), mas está sempre sujeito a interpretações adversas ao valor e ao sentido da existência humana. O conceito de *dignidade* é a própria referência de sentido. Quando os exercícios de liberdade e de autonomia, valores quase absolutos na visão utilitarista, não são mais viáveis de maneira satisfatória, eles passam a ser encarados, muitas vezes, como entrave para a qualidade de vida. Por isso, em casos de sofrimento ou de doenças incuráveis, degenerativas e progressivas, surgem questionamentos sobre o sentido de se continuar vivendo.

Alguns, especialmente na visão cristã, defendem que a dignidade é inerente à vida; outros, por sua vez, defendem que a dignidade é atribuída, visão que a torna dependente de conceitos sempre contextualizados histórica e culturalmente. Na visão antropológica, a dignidade é um atributo socialmente conferido pelos indivíduos a si próprios ou aos outros, podendo sofrer grande interferência ou mesmo ser perdido em razão de determinada condição (doenças, estado de consciência etc.) ou situação (econômica, social etc.).

O respeito à dignidade da pessoa é um dos princípios basilares em muitos países. No Brasil, a dignidade é um dos fundamentos essenciais do Estado Democrático de Direito. A Constituição brasileira, em seu art. 1º, inciso III, declara que:

> Art. 1º A República Federativa do Brasil, formada pela união indissolúvel dos Estados e Municípios e do Distrito Federal, constitui-se em Estado Democrático de Direito e tem como fundamentos:
> I – a soberania;
> II – a cidadania;
> III – **a dignidade da pessoa humana**; (Brasil, 1988, grifo nosso)

O ordenamento jurídico se orienta essencialmente pelo **princípio da dignidade**, dado que, embora não haja uma hierarquia de princípios, ele norteia decisões a respeito da pessoa e da coletividade. A diversidade de interpretações surge exatamente no conceito de pessoa e de dignidade por atribuição. Por isso, questões relativas à vida podem não ter interpretação unânime e voltam sempre à tona nos cenários político e jurídico.

Nesse sentido, vale destacar a perspectiva cristã de dignidade:

> a perspectiva personalista, própria da tradição cristã e do jusnaturalismo, oferece uma **fundamentação incondicionada**, na qual a **dignidade** não depende de fatores externos ao ser humano,

nem sequer do exercício de faculdades intelectuais ou morais, mais desenvolvidas nos adultos. Nesta perspectiva, a dignidade humana não está condicionada e não se sujeita às convenções jurídico-sociais. (Soares, 2010, p. 82, grifo do original)

Por sua defesa incondicional da pessoa e de sua dignidade, a Igreja é desafiada a se engajar pelo respeito à dignidade humana em todas as esferas. Em uma sociedade em que o utilitarismo é amplamente aceito e expandido, existe o risco de se estabelecerem cada vez mais condicionantes que, em última análise, se convertem em processos de exclusão social.

2.2.2 Pessoa: imagem e semelhança de Deus

Na perspectiva cristã, a dignidade da pessoa não é algo adquirido ou desenvolvido no decorrer da vida, condicionado a circunstâncias e possibilidades. Ela é inerente à pessoa, imagem e semelhança de Deus, que se revela em Cristo.

> **Em Jesus de Nazaré, Deus visita realmente o seu povo, visita a humanidade de um modo que vai além de todas as expectativas: manda o seu Filho Unigênito; faz-se homem o próprio Deus. Jesus não nos diz qualquer coisa sobre Deus, não fala simplesmente do Pai, mas é a revelação de Deus, porque é Deus, e nos revela assim a face de Deus.** No Prólogo de seu Evangelho, São João escreve: "Ninguém jamais viu Deus. O Filho único que está no seio do Pai foi quem o revelou" (Jo 1,18). (Bento XVI, 2013, grifo do original)

Ele, o Deus Encarnado, vive solidariamente a condição humana, enaltecendo-a e conferindo-lhe a plenitude de vida e de sentido que emana do seio da Trindade:

> Jesus Cristo é a plenitude que eleva a condição à condição divina para sua glória: "Eu vim para dar vida aos homens para que a tenham em plenitude" (Jo 10,10). Sua amizade não nos exige que renunciemos a nossos desejos de plenitude vital, porque Ele ama nossa felicidade também nesta terra. (Celam, 2008, p. 163)

A vida em plenitude é a vida humana aqui e agora, em perspectiva escatológica. A natureza, imagem e semelhança com Deus, também traz inscrita sua condição fundamental para a comunhão, para o viver em comunidade de amor com os outros e com Deus. Portanto, é dimensão inerente ao ser pessoa, via de autorrealização, abertura para o diálogo e a convivência com o outro:

> A pessoa humana tem necessidade de vida social. Esta não constitui para ela algo acrescentado, mas é uma exigência de sua natureza. Mediante o intercâmbio com os outros, a reciprocidade dos serviços e o diálogo com seus irmãos, o homem desenvolve as próprias virtualidades; responde, assim, à sua vocação. (CIC, 1999, p. 502)

A *Imago Dei* – imagem e semelhança de Deus – orienta o cuidado dispensado ao ser humano em todas as dimensões da vida: "Segundo a visão conciliar, a *Imago Dei* consiste na fundamental orientação do ser humano para Deus, fundamento da dignidade humana e dos direitos inalienáveis da pessoa humana" (CTI, 2004, n. 22).

Ser imagem e semelhança não é uma ideia abstrata descolada da vida; antes, indica a finalidade do indivíduo, que não "pode ser obrigado a submeter-se a qualquer sistema ou finalidade deste mundo" (CTI, 2004, n. 22).

2.3 Corporeidade

O ser humano é dotado de diversas dimensões inseparáveis, ou seja, nenhuma delas pode ser omitida e todas são igualmente relevantes. Assim, projeta-se uma nova luz sobre a corporeidade, tornando inconcebível falar de dignidade da pessoa dissociada da dimensão corpórea.

No âmbito do debate bioético, a questão da corporeidade está em foco, ou melhor, foi a própria bioética que a destacou, desafiando a Igreja a aprofundar as reflexões teológico-pastorais sobre ela: "O Filho de Deus, no mistério da Encarnação, confirmou a dignidade do corpo e da alma, constitutivos do ser humano. Cristo não desdenhou a corporeidade humana, mas revelou plenamente o seu significado e valor" (Congregação para a Doutrina da Fé, 2008, n. 7).

2.3.1 Corporeidade e unitotalidade

Uma das dimensões relevantes da abordagem personalista é a corporeidade, que não se reduz a aspectos objetivos, já que é pelo corpo que se estabelecem relações e significados. Em todas as dimensões da vida humana, portanto, a corporeidade é essencial para a identidade da pessoa. O ser humano é capaz de transcender o corpo por meio do seu próprio corpo, sendo que sua completude como ser humano não é possível sem o corpo – embora não seja efetivada apenas por ele.

> A antropologia bíblica exclui o dualismo mente-corpo. O ser humano é considerado aí na sua integridade. Entre os termos hebraicos fundamentais usados no AT para designar o ser humano, nefesh significa a vida de uma pessoa concreta que está viva (Gn 9,4; Lv 24,17-18; Pr 8,35). Mas o ser humano não tem um *nefesh*, ele é um *nefesh*. (CTI, 2004, n. 28)

O indivíduo tem relação com o código genético de seus progenitores e, ao mesmo tempo, seu patrimônio genético é novo e único. O termo *unitotalidade*, marcante na abordagem personalista, surge para definir um novo paradigma sobre a pessoa, pois a distinção das dimensões de uma mesma realidade não é sinônimo de separação e independência das partes. As reminiscências da dicotomia corpo e alma e do mecanicismo que pressupõe o funcionamento do organismo segundo uma mecânica predefinida inalterável são superados nessa abordagem:

> Por força da sua união substancial com uma alma espiritual, o corpo humano não pode ser considerado apenas como um conjunto de tecidos, órgãos e funções, nem pode ser avaliado com o mesmo critério do corpo dos animais. Ele é parte constitutiva da pessoa que através dele se manifesta e se exprime. (Sagrada Congregação para a Doutrina da Fé, 1987)

Corpo e alma constituem dois componentes ontológicos indissociáveis. O modo de ser no mundo é físico-espiritual em total unidade: o corpo não age separado do espírito e o espírito não se manifesta a não ser pelo corpo. O corpo é o receptáculo do espírito, por meio do qual "o espírito informa, estrutura e vivifica a corporeidade. A natureza é, portanto, o que constitui a pessoa humana na sua essência unitotal" (Sgreccia, 1996, p. 412). A originalidade cristã sobre o ser humano em sua totalidade é dada pela verdade revelada. O ser humano não só conhece Deus pelo Filho, mas pelo Filho também conhece a si mesmo, considerando que:

> A verdade revelada é verdade de salvação. É justamente essa verdade que nos diz quem é o homem, fazendo-nos conhecer ao que ele é chamado; precisamos pressupor uma coerência fundamental entre nosso ser e o nosso destino se não queremos que este último apareça como algo meramente exterior a nós mesmos. (Ladaria, 2007, p. 12)

O destino do ser humano é verdade real na vida presente, pois o presente e o futuro não são realidades separadas – a esperança escatológica ilumina e significa o presente. A revelação assinala o modo próprio de ser e estar no mundo, em Cristo, mas não é a única via de conceber o ser humano – existe abertura para outros modos de chegar ao âmago do ser humano.

> A própria revelação cristã, que nos fala de Jesus Cristo como o Filho de Deus encarnado e de nosso encontro com Ele na fé, pressupõe um conhecimento e uma experiência do que significa ser homem como sujeito livre e responsável por si mesmo. [...] Por isso, a revelação cristã não pretende de modo algum ser a única fonte de conhecimento sobre o homem. Antes, ela pressupõe expressamente o contrário. Sem perder nada da especificidade teológica, a reflexão cristã sobre o homem deve enriquecer-se com os dados e as intuições provenientes da filosofia e das ciências humanas. (Ladaria, 2007, p. 12)

Ao trazer à tona o debate sobre o corpo, a bioética contribuiu também para o avanço na reflexão teológico-pastoral sobre o ser humano em todas as dimensões, sem perder, contudo, sua raiz cristã. Consequência relevante nesse contexto são os avanços nas reflexões sobre a antropologia cristã, o desenvolvimento da Teologia do Corpo[3] e a abordagem personalista, que analisa a pessoa em suas expressões físicas, psíquicas e espirituais. De acordo com Sgreccia (1996), o corpo precisa ser percebido também em sua dimensão de mediação no mundo e na história.

Existem dois significados distintos para o termo *corpo*, expressos de forma mais precisa na língua alemã: *Körper* (organismo biológico) e *Leib* (sujeito vivo de múltiplas relações). Filósofos como Maurice Merleau-Ponty (1908-1961) e Martin Heidegger (1889-1976) mostram

---

3 A Teologia do Corpo foi desenvolvida pelo Papa João Paulo II nas audiências entre setembro de 1979 e novembro de 1984, com raras exceções. Nas catequeses, foram desenvolvidos, de modo particular, alguns temas: exegese dos primeiros capítulos do Gênesis, análises psicológicas, corporeidade, matrimônio, racionalidade da pessoa e a *Humanae Vitae*, de Paulo VI.

essa dupla percepção, aprofundando a compreensão da dimensão relacional, ou seja, a relação com o mundo, que ocorre em uma dinâmica sempre nova e criativa: "O corpo não apenas estabelece a relação com o mundo como também confere ao mundo significados sempre novos, transcendendo continuamente as próprias experiências e os significados precedentes" (Sgreccia, 1996, p. 126). A existência humana em um corpo impõe o limite espaço-temporal. Ainda assim, é característica do ser humano transcender a si próprio, pois conferir sentidos e significados está além da existência estritamente biológica, visto que isso ocorre na dimensão do espírito, embora não de maneira desconexa ao corpo.

Não se pode ver o corpo – como é bastante difundido atualmente – reduzido a "um simples complexo de órgãos, funções e energias, que há de ser usado segundo critérios de mero prazer e eficiência" (João Paulo II, 1995, n. 23). O corpo é um dom precioso e "nunca deve ser relativizado e instrumentalizado, pois cada pessoa, a totalidade unificada, corpo e alma unidos substancialmente – é absolutamente valiosa, querida por si mesma, originada por uma criatura de Deus quanto à alma" (Duarte, 2010, p. 16). Os significados personalistas e humanos do corpo são, segundo Sgreccia, "**Encarnação** espaço-temporal, **diferenciação** individual, **expressão** e cultura, **relação** com o mundo e com a sociedade; **instrumentalidade** e princípio da tecnologia" (Sgreccia, 1996, p. 127, grifo do original). Vale lembrar a relação corpo-tecnologias, na qual as máquinas aumentam a força corporal e os equipamentos expandem a capacidade do cérebro.

2.3.2 Aspectos teológico-pastorais do corpo relevantes para o debate bioético

Na esteira do paradigma do Concílio Vaticano II sobre a pessoa, o Catecismo da Igreja Católica – CIC (1999) selou a visão integral, a unicidade da pessoa, com a expressão *corpore et anima unus*, que remete à unidade entre corpo e alma. Em consequência desse novo paradigma, o corpo passou a ser visto como digno de honra, não sendo admissível o desprezo pela vida corporal (Concílio Vaticano II, 2011).

No corpo, a pessoa constrói sua história e vivencia sua identidade, seu ser único e inconfundível: "No homem, a personalidade subsiste na individualidade constituída por um corpo animado e estruturado por um espírito" (Sgreccia, 1996, p. 79). A ausência ou a deficiência da reflexão teológico-pastoral do corpo pode enfraquecer o debate bioético à luz da fé cristã, uma vez que a bioética trouxe o corpo para o centro das discussões, e os riscos de transformá-lo em objeto no mundo científico só podem ser superados com o significado que lhe é próprio na visão da pessoa integral.

Um grande passo e uma valiosa contribuição para os cristãos engajados em diferentes esferas do debate ético é a **Teologia do Corpo**, do Papa João Paulo II (1920-2005), que apresenta desde os questionamentos bioéticos até a esperança da ressurreição, que confere sentido pleno ao corpo na dimensão histórica. A série de catequeses que aborda essa questão enfatiza as relações matrimoniais, possibilitando uma verdadeira revolução nesse campo. Além disso, João Paulo II lança um olhar mais amplo sobre o corpo, permitindo a aplicação dos conteúdos a diversas condições da vida humana. O agir de Cristo a favor da pessoa tem como referência as necessidades do corpo, o que não significa reduzi-lo à dimensão física. "A missão de Jesus, com as numerosas curas realizadas, indica **quanto Deus tem a peito também a vida corporal do homem**" (João Paulo II, 1995, n. 47, p. 38, grifo do original).

A visão integral da pessoa, iluminada pela fé na ressurreição, é uma resposta eloquente para os inúmeros questionamentos levantados perante os procedimentos científicos, pautados em visões parciais dos seres humanos: "Todo o desenvolvimento da ciência contemporânea, relativo ao corpo como organismo, tem sobretudo o caráter do conhecimento biológico, porque é baseado na separação, no interior do homem, entre aquilo que é nele corpóreo e aquilo que é espiritual" (João Paulo II, 1981, n. 3). Mesmo que o interesse da ciência seja a estrutura biológica, ela não pode ignorar os aspectos subjetivos do ser humano, pois isso pode conduzir a uma análise unilateral do corpo, que pode passar a ser encarado como objeto sujeito a manipulação (João Paulo II, 1981). Quando exposto a múltiplas formas de manipulação ou à redução da dimensão física,

> o homem cessa, por assim dizer, de identificar-se subjetivamente com o próprio corpo, porque privado do significado e da dignidade derivantes de este corpo ser próprio da pessoa. Encontramo-nos aqui no limite de problemas, que muitas vezes exigem soluções fundamentais, impossíveis sem uma visão integral do homem. (João Paulo II, 1981, n. 3)

Outro aspecto relevante abordado por João Paulo II é o do **profetismo do corpo**. Apesar de estar relacionado ao matrimônio, esse conceito se estende a todas as situações de convivência mútua, dimensão que o torna ainda mais relevante para a bioética, particularmente na impossibilidade de outras formas de comunicação:

> Neste sentido, o homem – varão ou mulher – não só fala com a linguagem do corpo, mas em certo sentido consente ao corpo falar "por ele" é da "parte dele": diria, em seu nome e com a sua autoridade pessoal. Deste modo, também o conceito de "profetismo do corpo" parece ser fundado: o "profeta", de fato, é aquele que fala "por" e "da parte de": em nome e com a autoridade de uma pessoa. (João Paulo II, 1983a, n. 1, p. 1)

O profetismo do corpo ou sua comunicação não verbal é muito mais importante quando se pode abstrair dele a verdade sobre o que se quer transmitir. Portanto, é necessário um conhecimento profundo do outro, o que pode apresentar algum limite na convivência mútua fora do espaço matrimonial. A visão integral da pessoa enaltece o valor do corpo na dimensão natural, mas somente a **ressurreição em Cristo** confere a plenitude, pois, a partir dela, todos os limites próprios da experiência terrena são rompidos. A esperança escatológica, em última análise, ilumina a relação com o corpo na temporalidade, a experiência da liberdade na condição humana terrena se alimenta da esperança da perfeita liberdade em Cristo.

A Encarnação de Jesus enaltece a dignidade do corpo humano: "E o Verbo se fez carne, e habitou entre nós; e nós vimos a sua glória, glória que ele tem junto do Pai como Filho único, cheio de graça e verdade" (Jo 1,14). Ele se manifestou como um Deus imerso na vida real do ser humano pelo corpo, permitiu que o tocassem e, por fim, seu corpo foi glorificado. Em Cristo, o ser humano descobre sua própria condição: "A encarnação, vida, morte e ressurreição do Filho único de Deus, além de revelar o amor de Deus, o Salvador, ao mesmo tempo revela a condição humana à própria humanidade" (CTI, 1995, n. 37). Cristo redime o ser humano em sua totalidade, libertando-o inteiramente das amarras do pecado e, consequentemente, reconciliando-o "com Deus, com o próximo e com toda a criação" (CTI, 1995, n. 54).

2.4 Liberdade e autonomia

Dimensões humanas fundamentais, como liberdade e autonomia, sistematizadas na constituição pastoral *Gaudium et Spes*, têm tido desdobramentos relevantes, especialmente no que diz respeito à dignidade humana: "A proteção da dignidade exige a inviolabilidade da liberdade de consciência" (Bertachini; Pessini, 2011, p. 157). A liberdade não é absoluta e sempre deve ser entendida na dimensão da pessoa individualmente, assim como com relação ao outro e à transcendência. Assim, não pode haver coação externa nem ausência de valores humanos e éticos referenciais que sirvam de embasamento para as decisões. Para a bioética, é relevante a dimensão do conhecimento como condição para o exercício responsável da autonomia e da liberdade: a pessoa precisa saber a verdade sobre si mesma, o que exige uma comunicação humanizada, aberta e respeitosa.

2.4.1 Consciência cristã e liberdade em Cristo

Nesta obra, o tema da consciência cristã está contextualizado no âmbito da bioética e, portanto, ligado diretamente às questões da vida. A reta formação da consciência evita a vulgarização de situações críticas, tornando-as normais ou legitimando a ideia de que "todo mundo faz assim". A consciência também não é uma fonte de desespero. Esta, muitas vezes, é decorrente da falta de formação adequada sobre o assunto em questão e de interpelações ameaçadoras, até mesmo a partir de temas religiosos, o que gera imposição e autoritarismo. A consciência é uma capacidade humana complexa individual e se expressa de modo peculiar nas diferentes dimensões humanas:

> **Consciência psicológica** (ser consciente, dar-se conta da própria experiência de viver), **consciência moral** (ser responsável, discernir os valores e normas do comportamento em vista da autorrealização pessoal), **consciência crítica** (a capacidade e advertência para discernir aspectos profundos e ocultos da realidade, não expressos e não manifestos em um conhecimento empírico e superficial). (Konzen, 2001, p. 161, grifo do original)

A consciência se encontra no horizonte da **capacidade de** e, portanto, da **habilidade humana objetiva**. Assim, é possível determinar a consciência moral como uma dimensão da totalidade humana (Konzen, 2001). A consciência não pode ser vista separadamente da experiência individual, o que não significa que ela é reduzida à subjetividade da pessoa. Dessa maneira, ela precisa de âncoras que confiram segurança, principalmente o conhecimento e o discernimento. Sob a ótica cristã, isso significa orientar-se pelos critérios do Evangelho. Mesmo em ambientes não religiosos, a fé e a espiritualidade têm se tornado cada vez mais relevantes para o questionamento ético, principalmente no que diz respeito à visão integral de pessoa.

A consciência cristã pressupõe como referência principal Deus, o Criador. A lei dada pelo Criador, na dádiva da liberdade, orienta o ser humano capacitado para discernir o bem e o mal. Embora não o tenha encontrado face a face, Deus se revela ao ser humano de múltiplos modos, fazendo a realidade invisível se tornar compreensível por meio das criaturas:

> Mesmo em ambientes não religiosos, a fé e a espiritualidade têm se tornado cada vez mais relevantes para o questionamento ético, principalmente no que diz respeito à visão integral de pessoa.

> Porque o que se pode conhecer de Deus é manifesto entre eles, pois Deus lho revelou. Sua realidade invisível – seu eterno poder e sua divindade – tornou-se inteligível, desde a criação do mundo, através das criaturas, de sorte que não têm desculpa. Pois, tendo conhecido a Deus, não o honraram como Deus nem lhe renderam graças; pelo contrário, eles se perderam em vãos arrazoados, e seu coração insensato ficou nas trevas. (Rm 1,19-21)

A **capacidade de discernimento** – deturpada pelo pecado, ou seja, pelo mau uso da liberdade – foi restaurada em Cristo, referência última da moral, do cuidado e do sentido de ser da vida humana:

> Em sua pessoa, Jesus Cristo mostra, portanto, uma vida humana exemplar, plenamente conforme à lei natural. Ele é, assim, o critério último para decifrar corretamente quais são os desejos naturais autênticos do homem, quando eles não estão ocultos pelas distorções introduzidas pelo pecado e pelas paixões desordenadas. (CTI, [2007?], n. 105)

A consciência, portanto, implica um elemento importante: descobrir a lei em atitude de constante vigilância. As inúmeras e impactantes apelações podem obscurecer a consciência e, consequentemente, interferir negativamente no exercício da liberdade, já que faz parte da "dignidade da pessoa agir por opção consciente e livre, induzida e movida pessoalmente, livre de toda a coação externa e de qualquer pressão interna" (Concílio Vaticano II, 2011, p. 481). Consciência, liberdade e dignidade da pessoa são fatores indissociáveis e de extrema relevância para a bioética, visto que as decisões conscientes são verdadeiramente livres e responsáveis. No âmbito cristão, a "consciência é o núcleo secretíssimo e o sacrário do homem, onde ele está sozinho com Deus e onde ressoa sua voz" (CIC, 1999, p. 480).

O Concílio Vaticano II não apenas enalteceu a liberdade de consciência, mas também reconheceu-a como instância última de decisão. Nesse sentido, os ensinamentos e as orientações passam pelo crivo da consciência pessoal e, com isso, inicia-se um novo tempo para a moral. Ao passo que a moral tradicional de cunho legalista tem foco no cumprimento de leis e de normas, muitas vezes descritas em manuais, as decisões em livre consciência supõem uma boa formação de consciência para um correto discernimento mediante convicções pessoais: "A verdadeira liberdade é a marca mais extraordinária da imagem de Deus no ser humano. Deus o entrega a si mesmo, para que busque espontaneamente seu Criador e, encontrando-o, se autorrealize livremente" (CIC, 1999, p. 481).

No exercício da autêntica liberdade, há uma opção por aquilo que efetivamente é relevante em vista de um sentido próprio de vida: "em toda escolha a pessoa empenha aquilo que é, a sua existência e a sua essência, o seu corpo e o seu espírito" (Sgreccia, 1996, p. 80). A liberdade de consciência não pode ser exercida plenamente se não há respeito pela objeção de consciência, pois, nesse caso, o ser humano agiria contra sua própria consciência (CIC, 1999). De modo particular, no campo de bioética e ética no mundo da saúde, o direito da objeção de consciência é, por vezes, suprimido por regulamentações que impõem procedimentos vinculativos a todos. A preocupação da Santa Sé com relação à ausência da objeção de consciência na *Declaração universal sobre o genoma humano*, no caso de intervenções mais complexas, pode se aplicar a diversas questões bioéticas, como o aborto e a eutanásia: "Seria desejável incluir o respeito da eventual objeção de consciência dos pesquisadores e dos agentes de saúde, de sorte que as pessoas que trabalham nesses setores tenham reconhecido o direito de se recusar por motivo de consciência a realizar intervenções sobre o genoma humano" (Grupo Informal de Trabalho sobre Bioética, 1997).

A formação da consciência, pautada no conhecimento em diferentes ciências humanas e debates multidisciplinares, é essencial para o discernimento em questões cada vez mais complexas sobre a vida humana. No entanto, uma boa consciência não resulta apenas do acúmulo de conhecimentos, mas também do diálogo franco e aberto com o outro, que pode ajudar a interpelar e elucidar aspectos, por vezes, não tão explícitos. Além de decisões pessoais quanto ao comportamento individual, trata-se da consolidação de critérios para decisões e ações que implicam o respeito à vida humana em todas as dimensões, em situações críticas ou do cotidiano, extremamente complexas.

É aconselhável que esse discernimento sobre questões da vida mais ampla seja coletivo: "Exercer o discernimento em grupo, com espírito de entre-ajuda fraterna é, sem dúvida, muito mais sábio do que fazê-lo sozinho. Pela iluminação mútua ou reciprocidade das consciências individuais, chega-se a uma conclusão muito mais segura do que sozinho" (Konzen, 2001, p. 200). As decisões conscientes no âmbito da vida permitem uma autêntica experiência de liberdade quando não reduzidas a parâmetros como "pode" ou "não pode" e quando iluminadas pelo grande valor evangélico do amor fraternal:

> Não há liberdade verdadeira, onde a vida não é acolhida nem amada; nem há vida plena senão na liberdade. Ambas as realidades têm, ainda, um peculiar e natural ponto de referência que as une indissoluvelmente: a vocação ao amor. Este, enquanto sincero dom de si, é o sentido mais verdadeiro da vida e da liberdade da pessoa. (João Paulo II, 1995, n. 96, p. 78)

O discernimento e as decisões em vista de uma cultura da vida, especialmente em ambientes nos quais reina a cultura da morte, são cada vez mais urgentes e complexos: "No contexto social de hoje, marcado por uma luta dramática entre a 'cultura da vida' e a 'cultura da morte', importa **maturar um forte sentido crítico**, capaz de discernir os verdadeiros valores e as autênticas exigências" (João Paulo II, 1995, n. 95, p. 77, grifo do original). São inúmeros as causas e os meios de agressão à vida, ou seja, de desrespeito à dignidade humana, cujo direito fundamental é a inviolabilidade da vida em todas as suas dimensões.

2.4.2 Autonomia: dom e responsabilidade

A palavra *autonomia*, de origem grega, é composta de *auto* (si mesmo) e *nomos* (lei, convenção) e, portanto, remete à capacidade de autodeterminação, de governar a si próprio. Trata-se, em última análise, do dom de ser protagonista da própria história, de tomar decisões livres e conscientes em relação a si mesmo. Como dom, a autonomia implica o exercício da liberdade e da responsabilidade em todas as dimensões da vida, garantida como um direito fundamental nos âmbitos civil e jurídico. No entanto, é essencial que sejam garantidos não apenas a capacidade e o direito, mas também a informação e o conhecimento adequados.

A abordagem da autonomia pode ser baseada em vários aspectos – aqui, considera-se, principalmente, a autonomia como um princípio da abordagem principialista e o impacto social do seu exercício sobre as questões de saúde.

> O **princípio da autonomia** se refere ao respeito devido aos direitos fundamentais do homem. Inclusive o da autodeterminação. Esse princípio se inspira na máxima "não faças aos outros aquilo que não queres que te façam" e está, portanto, na base de uma moralidade inspirada no respeito mútuo. É sobre este princípio que se fundamentam sobretudo a aliança terapêutica entre médico e paciente e o consentimento aos tratamentos diagnósticos e de terapias; esse princípio faz parte integrante do benefício e está a seu serviço. (Sgreccia, 1996, p. 167, grifo do original)

A autonomia não está isolada ou sobreposta a outras balizas éticas no campo do cuidado clínico. Nesse contexto, é preciso considerar a fragilidade humana própria das pessoas acometidas por enfermidades físicas ou mentais graves, necessitadas de proteção especial. Outro aspecto a ser levado em consideração é a disparidade de conhecimento entre profissionais da saúde e pacientes e familiares, tendo em vista que o conhecimento é primordial para o exercício pleno da autonomia.

É frequente percebermos o quanto pacientes e familiares se sentem desamparados quando lhes é apresentada a condição de decidirem de forma autônoma sobre questões críticas da vida, sem um processo de diálogo e acompanhamento adequado. É preciso sensibilidade para ajudar sem impor, pois a fronteira entre esses dois aspectos (impor e ajudar) é tênue (Durand, 2007).

A autonomia é exercida pelo indivíduo em sua condição de pessoa na sociedade, de ser em comunhão. Não importa quão sociável a pessoa é; o modo de estar no mundo acontece na condição de relação. A autodeterminação não pode estar dissociada da vida em comunhão com os demais: "Se a promoção do próprio eu é vista em termos de autonomia absoluta, inevitavelmente chega-se à negação do outro, visto como um inimigo de quem defender-se" (João Paulo II, 1995, n. 20, p. 16).

Essa forma absoluta de viver a autonomia é incompatível com o ser e estar no mundo, em sociedade, visto que nela prevalece a noção de sociedade sem que haja reciprocidade entre os indivíduos que a compõem. Nesse sentido, de acordo com o Papa João Paulo II (1995, n. 20, p. 16-17), "cada um quer afirmar-se independentemente do outro, mais, quer fazer prevalecer os seus interesses".

A percepção social repercute, muitas vezes, sobre o exercício da autonomia nos campos da vida e da saúde, especialmente sobre a disposição da vida. Ao passo que os movimentos em favor da proteção da vida são enfraquecidos, aumentam-se as reivindicações para que as leis de defesa da vida em todas as fases, onde estas leis existem, sejam suprimidas sob o argumento da autonomia individual:

> Nas opiniões mais radicais, chega-se mesmo a defender que, numa sociedade moderna e pluralista, deveria ser reconhecida a cada pessoa total autonomia para dispor da própria vida e da vida de quem ainda não nasceu: não seria competência da lei fazer a escolha entre as diversas opiniões morais, e menos ainda poderia ela pretender impor uma opinião particular em detrimento das outras. (João Paulo II, 1995, n. 68, p. 57)

Há autores que incluem em seus argumentos diversas condicionantes do exercício da autonomia, como a sobreposição do bem comum à autonomia individual. O bioeticista Guy Durand (1933-) classifica a autonomia em diferentes níveis:

- autonomia perfeita (utópica)
- autonomia adequada
- assentimento
- não oposição
- ausência completa de autonomia. (Durand, 2007, p. 182)

Com isso, o autor pretende contemplar as diversas condições de exercício da autonomia. Aqui, podemos questionar a **autonomia perfeita** no horizonte da utopia, que não é realizável na linha do absoluto individualista. Ao considerarmos a condição humana, *a priori*, já deveríamos excluir qualquer forma de perfeição relacionada ao individualismo exacerbado. Liberdade e autonomia sempre serão exercidas no modo de ser no mundo, ou seja, com afirmação pessoal integrada em uma sociedade ou, ainda, com identidade própria, mas vivendo em constante e profunda comunhão com o outro.

2.5 A dimensão da comunhão

As múltiplas relações com seus semelhantes, com as outras criaturas e com o Criador constituem uma experiência de alteridade e interdependência, denominada *dimensão da comunhão*. Nessa dimensão, o ser humano reconhece a própria identidade e dignidade com seus pares (outras pessoas) ou seus distintos (outros seres vivos). Nesse sentido, cabe também ressaltar a experiência com Deus, na qual a pessoa sai de si mesma, de sua condição, e, de maneira consciente, relaciona-se com o transcendente.

Pelas relações, o ser humano vive sua própria identidade, respeitando e tendo respeitada sua dignidade. Além de ser uma dimensão da condição humana, o ser em comunhão é fonte de autorrealização e de felicidade.

2.5.1 Ser social, ser em comunhão

O modo de ser da pessoa deve envolver uma contínua relação de reciprocidade com seus pares e com todos os outros seres vivos, segundo suas particularidades. As diferentes maneiras de ser no mundo dos seres vivos requerem também relações diferenciadas.

Na perspectiva cristã, o ser humano está continuamente interconectado com os outros seres vivos, criaturas do mesmo Criador, sempre mantendo sua identidade e sua particularidade. A individualidade da pessoa e suas múltiplas relações têm raiz na *Imago Dei*. Deus é pessoa e comunhão, portanto eterna e plena relação de amor: "No Deus Trindade a diversidade de Pessoas não gera violência e conflito; ao contrário, é a fonte mesma do amor e da vida" (Celam, 2008, p. 240).

A consciência da vida em comunhão com o outro e com Deus é geradora de vida e fonte de força, pois sustenta o cuidado e a proteção da vida, relação que só pode existir onde há personalidades distintas:

> Partindo da doutrina da imagem de Deus, o Concílio Vaticano II ensina que a atividade humana reflete a criatividade divina que é seu modelo (GS 34) e que deve orientar-se para a justiça e para a comunhão, a fim de promover a formação de uma só família na qual possam todos ser irmãos e irmãs (GS 24). (CTI, 2004, n. 23)

O modo de ser no mundo está diretamente relacionado ao indivíduo como imagem e semelhança de Deus, pois "os seres humanos são por natureza corpóreos e espirituais, homens e mulheres feitos uns para os outros, pessoas orientadas para a comunhão com Deus e recíproca" (CTI, 2004, n. 25).

A liberdade e a autonomia vividas de forma individualista desvinculam o ser humano de seus núcleos familiar e social. Esse isolamento não só o impede de se engajar socialmente, como também pode estar na raiz da não realização pessoal e ser fonte de infelicidade. As buscas por compensações e o próprio desgosto pela vida podem estar associados à excessiva centralização em si mesmo e ao rompimento das relações interpessoais significativas:

> O individualismo enfraquece os vínculos comunitários e propõe uma radical transformação do tempo e do espaço, dando papel primordial à imaginação. Os fenômenos sociais, econômicos e

tecnológicos estão na base da profunda vivência do tempo, o qual se concebe fixado no próprio presente, trazendo concepções de inconsistência e instabilidade. (Celam, 2008, p. 32)

Aqui é preciso retomarmos que o dom da autonomia está profundamente relacionado à essência de pessoa tendo em vista a comunhão com o outro, pois o crescimento, o amadurecimento e a santificação da pessoa cresce à medida que ela "se relaciona, sai de si mesma para viver em comunhão com Deus, com os outros e com todas as criaturas" (Francisco, 2015, n. 240). Liberdade e autonomia, portanto, não são limitados pelo outro, mas vividas em comunhão com o outro.

2.5.2 A relação com o outro nos cuidados com a saúde

Cuidar do outro e ser cuidado pelo outro são dimensões inerentes ao modo de ser e estar no mundo. Trata-se de uma relação interpessoal na qual se pretende ajudar a mudar a situação de alguém. O ser humano tanto cuida dos outros quanto precisa de cuidados. No campo da saúde, enquanto o cuidado tiver como único objetivo **curar**, corre-se o risco de buscar a excelência técnica e de descuidar da humanização das relações. Nesse caso, a obsessão pela eficácia pode levar o médico a impor diversas condições a seu paciente, pois o objetivo é obter a cura a qualquer custo (Zoboli, 2011). Portanto, na relação dos profissionais de saúde com os pacientes, existe um grande desafio de discernimento entre compaixão, dependência, indiferença e distanciamento, necessário para uma abordagem objetiva, porém humanizada:

> Os profissionais de saúde precisam superar o modo de operadores de técnicas, decifradores de exames, executores de rotinas, manuais e procedimentos, para conceder direito de cidadania a sua

capacidade de sentir e aproximar-se do outro. É preciso dar espaço à lógica da cordialidade, da gentileza, do acolhimento, e não só à lógica da conquista, da dominação e do uso utilitário dos outros. (Zoboli, 2011, p. 67)

Para mudar o paradigma do excessivo foco tecnológico em detrimento das relações humanas, é preciso começar pela formação dos profissionais da saúde, que precisam se tornar mais sensíveis diante de pacientes e familiares, "a partir de uma consciência integrada de si mesmo com o outro para promover ações no momento de cuidado" (Bousso; Santos, 2014, p. 391). Para alcançar efetivamente essa sensibilização, não se pode reduzir a formação a cursos técnicos de excelência com acréscimo secundário de debates sobre temáticas humanitárias; é necessário integrar um eixo humanitário na grade de disciplinas que acompanham a formação técnico-científica desde o início da formação. As relações interpessoais precisam ser cultivadas e assimiladas com os conhecimentos científicos, pois a "união da práxis intuitiva, genuína e empática, ao conhecimento teórico, técnico-científico, das concepções da filosofia, psicologia e sociologia devem também ajudar na instrumentalização do cuidado, além da ciência biomédica" (Bousso; Santos, 2014, p. 391).

Uma das mais relevantes habilidades para o estabelecimento de relações humanizadas com o paciente é a empatia e esse recorte de interpretação. A origem da palavra é grega, *empatheia*, que significa "compreender o sentimento do outro". O uso recente do termo pelo psicólogo Edward Brandner Titchener (1909-) está pautado no vocábulo alemão *Einfühlung*. Empatia é sensibilidade, capacidade de percepção; é sentir-se no lugar de, sentir com, ou seja, perceber da forma mais real possível o que se passa com o outro (Moreto; Blasco, 2014).

A empatia só é possível no encontro com o rosto do outro, isto é, o foco não pode estar exclusivamente na doença do paciente. O rosto é carne e, ao mesmo tempo, expressa a unitotalidade da pessoa; a dor física e a dor da alma se sintetizam em um olhar, em uma expressão facial. Portanto, olhar para o rosto significa perscrutar o cerne do problema, que, embora de caráter biológico, repercute em todas as dimensões da vida.

Síntese

Neste capítulo, esclarecemos como a dignidade da pessoa e os temas correlacionados a ela constituem uma referência essencial em todas as esferas da sociedade. A dignidade humana como referência para os direitos fundamentais e para as políticas públicas tem sido abordada e defendida por diversas organizações e governos, como a ONU e as constituições nacionais de vários países. Embora ela própria seja um direito em linha de igualdade com outros direitos fundamentais, ela também é suporte para os demais direitos.

Conforme demonstramos, a diversidade de conceitos sobre pessoa e dignidade apresenta uma aplicação bastante plural. Sob o mesmo argumento de respeito à dignidade, é possível defender a continuidade da vida, em casos de aborto ou eutanásia, ou a interrupção dela. Na perspectiva de uma cultura da vida, o desafio é examinar o tema com base em sua raiz mais profunda, na transcendência de si próprio, considerando-se todas as expressões e todo o seu alcance. Essa visão é decorrente do paradigma da unitotalidade da pessoa, que, por sua vez, também no âmbito eclesial, foi reconhecido tanto por meio do aprofundamento de doutrinas quanto pelo diálogo com outros saberes das ciências humanas e da natureza.

Indicação cultural

Documento eclesial

CTI – COMISSÃO TEOLÓGICA INTERNACIONAL. **Comunhão e serviço:** a pessoa humana criada à imagem de Deus. 2004. Disponível em: <http://www.vatican.va/roman_curia/congregations/cfaith/cti_documents/rc_con_cfaith_doc_20040723_communion-stewardship_po.html>. Acesso em: 13 mar. 2018. Esse texto apresenta a identidade e a dignidade da pessoa como imagem de Deus. A doutrina da *Imago Dei* é o fundamento para compreendermos o sentido da existência humana e o cuidado com a pessoa mediante múltiplos desafios no âmbito da vida. O texto é referência na promoção e na defesa da inviolabilidade da vida humana.

Atividades de autoavaliação

1. Analise as assertivas a seguir e marque V para as verdadeiras e F para as falsas:
   ( ) O termo *pessoa* (*persona*) tem origem na máscara de teatro.
   ( ) *Prôsopon*, do grego, é equivalente a *persona*.
   ( ) No âmbito da reflexão cristã católica, o ser humano é pessoa em todas as fases da vida.
   ( ) A Igreja Católica defende que o ser humano se torna pessoa logo no nascimento.

   Assinale a alternativa que corresponde à sequência correta:
   a) F, F, V, V.
   b) V, V, F, F.
   c) V, F, F, V.
   d) V, V, V, F.

2. Analise as assertivas a seguir e marque V para as verdadeiras e F para as falsas:
   ( ) Na filosofia antiga, a dignidade está relacionada a habilidades tipicamente humanas.
   ( ) Kant defende que a dignidade é conquistada pelo desenvolvimento de capacidades profissionais.
   ( ) O Catecismo da Igreja Católica (CIC) afirma que a dignidade da pessoa é inerente a ela como imagem de Deus.
   ( ) Como imagem de Deus, o ser humano é pessoa com necessidade de relação e de comunhão.

   Assinale a alternativa que corresponde à sequência correta:
   a) V, F, F, F.
   b) F, V, V, V.
   c) V, F, V, V.
   d) F, V, F, V.

3. Assinale a alternativa correta sobre a corporeidade da pessoa:
   a) Na linguagem bíblica, *nefesh* se refere a uma pessoa viva concreta.
   b) O termo *unitotalidade* indica a visão integral do ser humano.
   c) A Encarnação de Cristo exalta a dignidade do corpo humano.
   d) O reducionismo biológico é incompatível com a visão cristã do ser humano.

4. Analise as assertivas a seguir e marque V para as verdadeiras e F para as falsas:
   ( ) A coação externa impede o exercício responsável da liberdade.
   ( ) *Autonomia* significa autogovernar-se com responsabilidade e liberdade.
   ( ) A possibilidade de objeção de consciência é fundamental para a liberdade.
   ( ) A autonomia é um valor absoluto a ser respeitado na iminência de um suicídio.

Assinale a alternativa que corresponde à sequência correta:
a) V, F, F, V.
b) V, V, V, F.
c) F, V, V, F.
d) F, F, F, V.

5. Assinale a alternativa que indica corretamente a dimensão relacional da pessoa à luz da fé cristã:
   a) Como imagem de Deus, o ser humano está orientado para a vida em comunhão.
   b) A vida em sociedade anula a identidade da pessoa.
   c) O vínculo com o outro impede a experiência de liberdade individual.
   d) Falta embasamento cristão para a relação do ser humano com os outros seres vivos.

Atividades de aprendizagem

Questões para reflexão

1. Que contribuições a Igreja pode oferecer para o debate bioético com base em seu modo próprio de fundamentar, promover e defender a dignidade humana?

2. Em sua opinião, as atuais leis e regulamentações no campo da saúde oferecem oportunidade para a objeção de consciência por parte dos profissionais da área?

Atividade aplicada: prática

1. Pesquise em *sites* da área médica e em noticiários situações que revelam conflitos diante de questões complexas da vida humana. Registre sua opinião sobre cada caso.

3
Problemas de bioética relacionados à vida humana

Os problemas apresentados neste capítulo se referem aos desafios éticos do início da vida, embora alguns temas se estendam para outras fases. Questionar o impacto das novas tecnologias sobre o início da vida não significa condenar as biotecnologias; pelo contrário, trata-se de garantir o uso adequado em favor da vida. As possibilidades de controlar, dominar e programar a vida requerem debate ético e consciência sobre os limites das interferências na essência da vida.

Podemos moldar a vida de hoje e a do futuro segundo critérios e decisões de apenas alguns cientistas? Como assegurar que a vida seja cuidada sem ter seus processos próprios, humanizados, alterados em função de interesses e ideologias de determinados grupos?

Diante dessas questões, a Igreja é desafiada a inquirir com mais empenho as estruturas destruidoras, o que significa engajar-se incansável e profeticamente na renovação da sociedade mediante a essência da fé.

Ancorado na dignidade da pessoa – enaltecida em sua forma suprema pela Encarnação de Cristo –, o cuidado, particularmente no campo da vida e da saúde, deve estar orientado para o bem da pessoa. Portanto, o uso de tecnologias para cuidar da vida, prevenir e recuperar a saúde e assegurar o bem-estar da pessoa e da coletividade é sempre bem-vindo.

Neste capítulo, portanto, trataremos dos temas relativos ao início da vida: a abertura para a vida; o impacto das tecnologias no início da vida e o direito a ela; o genoma humano; a clonagem e o uso de células-tronco; e a vulnerabilidade e a proteção especial.

3.1 Abertura para a vida

Muitas vezes, entende-se a abertura para a vida como oposição ao controle de natalidade, uma vez que essa questão geralmente é equiparada ao planejamento familiar.

> À luz da fé cristã, toda a vida deve ser acolhida e amada, desde sua concepção, como dádiva divina.

À luz da fé cristã, toda a vida deve ser acolhida e amada, desde sua concepção, como dádiva divina. Não há filho "por acaso": toda criança pertence a um plano de amor de Deus, que concede aos pais a participação em sua criação pelo amor sólido e responsável. Daí a missão primordial ao se constituir uma família. A abertura pela vida implica duas dimensões essenciais e indissociáveis do matrimônio: a **procriativa** e a **unitiva**.

3.1.1 Dimensão procriativa

O ensinamento do Magistério sobre o matrimônio tem como critério essencial a abertura para a vida: "Na transmissão da vida está a ação procriadora dos pais, pois são eles, de acordo com a dignidade de cada um e com a do ato conjugal, na medida em que mantêm sua abertura para a vida, os coautores da geração de uma nova e individualizada criatura humana" (Duarte, 2010, p. 17). Tal abertura, no entanto, não é uma disposição dissociada da responsabilidade com a nova vida; ela exige uma educação adequada dos pais para a responsabilidade própria da acolhida, do cuidado e da educação da nova vida:

> A obra de educação para a vida comporta a **formação dos cônjuges sobre a procriação responsável**. No seu verdadeiro significado, esta exige que os esposos sejam dóceis ao chamamento do Senhor e vivam como fiéis intérpretes do seu desígnio: este cumpre-se com a generosa abertura da família a novas vidas, permanecendo em atitude de acolhimento e de serviço à vida, mesmo quando os cônjuges, por sérios motivos e no respeito da lei moral, decidem evitar, com ou sem limites de tempo, um novo nascimento. (João Paulo II, 1995, n. 97, p. 79, grifo do original)

A abertura para a vida inclui o reconhecimento pleno da vontade de Deus, independentemente das condições de geração. O filho não é mera obra humana; ele está em um plano superior. Nesse sentido, a entrega recíproca no matrimônio é uma entrega integral no amor. Gerado nesse contexto, o filho é fruto do amor entre os cônjuges, dimensão cada vez mais ameaçada e, por isso defendida pela Igreja:

> O ato conjugal, com o qual os esposos manifestam reciprocamente o dom de si, exprime simultaneamente a abertura ao dom da vida: é um ato indissoluvelmente corporal e espiritual. É em seu corpo e por meio dele que os esposos consumam o matrimônio e podem tornar-se pai e mãe. Para respeitar a linguagem dos corpos e a sua natural generosidade, a união conjugal deve acontecer no respeito pela abertura à procriação, e a procriação de uma pessoa deve ser o fruto e o termo do amor esponsal. (Sagrada Congregação para a Doutrina da Fé, 1987)

De acordo com o Papa João Paulo II (1920-2005), os pais precisam agir com responsabilidade e sabedoria ao gerar uma vida, tendo em vista o que é necessário para o crescimento de uma criança (João Paulo II, 1994). Quando, no exercício da paternidade e da maternidade responsáveis, o casal reconhece um justo motivo para a não geração em determinado momento, isso não exprime a supressão da abertura para a vida; pelo contrário, significa a acolhida responsável da vida.

Em síntese, a abertura para a vida implica acolhida e responsabilidade por ela e exclui qualquer tipo de reserva com relação ao novo ser – em última análise, dádiva de Deus Criador. Eis a verdadeira missão da família: ela é "a escola do amor, do conhecimento de Deus, do respeito à vida, à dignidade do homem" (Celam, 1995, p. 31). A família é a primeira instância a promover e a proteger a vida para que toda a sociedade seja capaz de superar a cultura de morte reinante em muitos ambientes. No entender da Igreja, ela é o santuário da vida, como afirma o Magistério em diferentes épocas e contextos:

> Nao posso deixar de afirmar que, se a família é o santuário da vida, o lugar onde a vida é gerada e cuidada, constitui uma contradição lancinante fazer dela o lugar onde a vida é negada e destruída. É tão grande o valor duma vida humana e inalienável o direito à vida do bebê inocente que cresce no ventre de sua mãe, que de modo

nenhum se pode afirmar como um direito sobre o próprio corpo a possibilidade de tomar decisões sobre esta vida que é fim em si mesma e nunca poderá ser objeto de domínio doutro ser humano. A família protege a vida em todas as fases da mesma, incluindo o seu ocaso. (Francisco, 2016)

A família, no entanto, é uma instituição a ser defendida também em virtude de sua missão como agente de renovação e de desenvolvimento sociocultural. Por sua acolhida e defesa da vida, tanto no âmbito interno familiar quanto no engajamento social, a família é o caminho mais seguro para a cultura da vida.

3.1.2 Dimensão unitiva

A dimensão procriativa, embora essencial, não é a única que confere sentido ao ato conjugal. A dimensão unitiva promove o crescimento na entrega pessoal, na doação e na aceitação recíproca e também é um meio de cultivar a fidelidade recíproca: "Salvaguardando estes dois aspectos essenciais, unitivo e procriador, o ato conjugal conserva integralmente o sentido de amor mútuo e verdadeiro e a sua ordenação para a altíssima vocação do homem para a paternidade" (Paulo VI, 1968, n. 12, p. 5). A dimensão unitiva é um modo de abertura à vida, pois é uma forma de garantir maior qualidade à vida acolhida, visto que não podemos "separar 'o amor' da 'vida', que são valores simultaneamente expressos e conaturais na atividade sexual" (Sgreccia, 1996, p. 313).

A harmonia no matrimônio é essencial para a vida desde sua geração. Contudo, o atual desafio é preservar esse significado em uma sociedade com muitas apelações de fundo egoísta e materialista, que concebe o filho, muitas vezes, como empecilho, deixando em segundo plano a participação da obra criadora de Deus. Em vez de se colocarem o valor da vida e o plano de Deus em primeiro lugar, ponderam-se em algumas esferas da vida, como a profissional e a social, as vantagens e as desvantagens de se ter um filho. Mais do que pensar na possibilidade de um cuidado digno do filho, estão em jogo o sucesso profissional e a liberdade para a vida social e o lazer.

3.2 Impacto das tecnologias no início da vida

A vida é um dom e uma responsabilidade que causa grande expectativa nos genitores. No entanto, qualquer empecilho na ordem biológica para a geração do filho não anula a abertura para a vida e o reconhecimento dela como dom e responsabilidade. Oferecem-se outras maneiras de acolher a vida e de engajar-se pelo bem-estar da vida nascente, já que a acolhida incondicional inclui aceitar a vida em qualquer condição.

Por isso, o acompanhamento pré-natal não pode ser reduzido a consultas e a exames clínicos, sendo um campo de extrema relevância para a bioética. A Igreja, sempre atenta aos avanços das biotecnologias nessa área, posiciona-se a favor da promoção da saúde e do bem-estar, mas condena a manipulação genética e cromossômica para se "produzirem" seres humanos selecionados de acordo com certas características. A Igreja também repudia toda e qualquer intervenção que tenha como intuito interromper a gravidez, como em casos em que o embrião apresenta algum tipo de problema – aborto eugênico.

3.2.1 Procriação e início da vida à luz do Magistério

O Magistério concebe a procriação como finalidade do matrimônio, ou seja, não há como separar o ato conjugal da procriação. Como indicamos anteriormente, no entanto, essa não é a única dimensão do matrimônio, que também inclui a dimensão unitiva.

Essa perspectiva apresenta um grande desafio para o diálogo com as ciências, que avançam continuamente nas pesquisas de métodos contraceptivos e de concepção artificial. Isso faz com que surja um amplo domínio sobre o corpo e sobre a sexualidade.

Nesse contexto, é relevante lembrar que a referência da Igreja à natureza não se reduz à condição biológica. Por isso, é preciso considerar que a lei natural, mesmo que biologicamente observada, pode não apresentar reciprocidade de entrega da pessoa em todas as suas dimensões. A procriação dissociada de outras dimensões humanas apresenta um reducionismo biológico no início da vida, visto que o conceito de natureza, no entender do Magistério, contempla a pessoa integral:

> A natureza de que se fala nos documentos do Magistério Católico e pela qual se pede respeito não é por si apenas a natureza biológica, o bios, mas a natureza em sentido metafísico, ou seja, a característica estrutural da pessoa humana, graças à qual a pessoa humana é a que é, uma individualidade na qual espírito e corpo estão unidos de maneira tal que no corpo se encarna e se manifesta o espírito e o espírito informa, estrutura e vivifica a corporeidade. (Sgreccia, 1996, p. 412)

A lei natural, no âmbito das ciências naturais, é insuficiente para compreendermos a posição da Igreja. O paradigma da unitotalidade da pessoa traz um novo olhar sobre a corporeidade em profunda unidade com as outras dimensões da vida humana. Na procriação, mesmo que cumprida a lei biológica, se considerada a totalidade da entrega e da reciprocidade humana, a lei moral natural também estaria cumprida?

> A lei de que se fala nos documentos do Magistério Católico é a lei moral natural, não uma lei física e biológica. A lei biológica é sempre cumprida, mesmo na procriação artificial, pois se ela não fosse respeitada por meio da aproximação do gameta masculino com o feminino não haveria fecundação; o que não é respeitado é a **lei moral** natural, que obriga a considerar o homem como pessoa na totalidade e o ato sexual procriador como expressão do espírito e do amor pessoal na corporeidade que se dá. (Sgreccia, 1996, p. 412, grifo do original)

Assim, o sentido do ato conjugal é parte do próprio matrimônio e, por isso, devemos ter em mente a inseparabilidade das dimensões unitiva e procriativa (Duarte, 2010). Portanto o matrimônio desejado por Deus é doação recíproca de corpo e de alma, em igual dignidade:

> O matrimônio é um "dom" do Senhor (cf. *1Cor* 7,7). Ao mesmo tempo que se dá esta avaliação positiva, acentua-se fortemente a obrigação de cuidar deste dom divino: "Seja o matrimônio honrado por todos e imaculado o leito conjugal" (*Heb* 13,4). Este dom de Deus inclui a sexualidade: "Não vos recuseis um ao outro" (*1Cor* 7,5). (Francisco, 2016, n. 61)

Por ocasião da votação da Lei de Biossegurança no Brasil (2005), Dernival da Silva Brandão[1] defendeu como início da vida o momento da fecundação do óvulo pelo espermatozoide. De acordo com o ginecologista:

> O processo vai se desenvolvendo suavemente, sem saltos, sem nenhuma mudança qualitativa. Não é cientificamente admissível que o produto da fecundação seja nos primeiros momentos somente uma matéria germinante. Aceitar, portanto, que depois da fecundação existe um novo ser humano, independente, não é

---

[1] Membro emérito da Academia Fluminense de Medicina.

uma hipótese metafísica, mas uma evidência experimental. Nunca se poderá falar de embrião como de uma pessoa em potencial que está em processo de personalização e que nas primeiras semanas pode ser abortada. Por quê? Poderíamos perguntar-nos: em que momento, em que dia, em que semana começa a ter a qualidade de um ser humano? Hoje não é, amanhã já é. Isto, obviamente é cientificamente absurdo. (Brandão, 2005, citado por Andrade, 2012)

Segundo o ensinamento do Magistério, o embrião é plenamente ser humano e pessoa. O que o difere do ser humano adulto é o desenvolvimento de seus membros e de suas habilidades. O critério de ser humano e ser pessoa é a herança genética e a dignidade: "a Igreja sempre ensinou – e ensina – que tem de ser garantido ao fruto da geração humana, desde o primeiro instante da sua existência, o respeito incondicional que é moralmente devido ao ser humano na sua totalidade e unidade corporal e espiritual" (João Paulo II, 1995). É essa convicção de que o embrião é plenamente ser humano e pessoa que move a Igreja Católica a engajar-se em favor da vida desde o primeiro instante de sua existência.

3.2.2 Exames pré-natais: benefícios e desafios éticos

Em se tratando de uma abordagem cristã católica, mais uma vez é preciso salientarmos as diversas dimensões da pessoa e a dignidade a ela inerente. O reducionismo biológico é incompatível com a visão da unitotalidade da pessoa, especialmente quando da intervenção das tecnologias de saúde. É justamente esse aspecto que levanta questões éticas relativas ao cuidado com a pessoa integral em todas as suas fases.

O Catecismo da Igreja Católica – CIC (1999, p. 593) assegura que o "diagnóstico pré-natal é moralmente lícito 'se respeitar a vida e a integridade do embrião e do feto humano, e se está orientado para sua salvaguarda ou sua cura individual'". A referência ética que deve orientar a intervenção intrauterina é a **dignidade da pessoa**, seu direito à vida: "Este princípio fundamental, que exprime **um grande 'sim' à vida humana**, deve ser colocado no centro da reflexão ética sobre a investigação biomédica, que tem uma importância cada vez maior no mundo de hoje" (Congregação para a Doutrina da Fé, 2008, n. 1, grifo do original).

São, portanto, lícitas e desejáveis as intervenções exclusivamente terapêuticas que tenham como objetivo melhorar as condições de vida do feto, reconhecido como ser humano pleno, embora dependente do ambiente materno para seu desenvolvimento:

> Uma intervenção estritamente terapêutica, que se propõe como objetivo a cura de diversas doenças, como as que se referem a deficiências nos cromossomos, será, em princípio, considerada positiva, contanto que tenda à verdadeira promoção do bem-estar pessoal do homem, sem ameaçar a sua integridade ou deteriorar as suas condições de vida. Uma tal intervenção situa-se, com efeito, na lógica da tradição moral cristã [...]. (João Paulo II, 1983b)

A identificação do ser humano como pessoa, com dignidade própria desde a concepção, exige o reconhecimento de que qualquer intervenção tem como finalidade unicamente seu bem-estar e sua sobrevivência: "Especial atenção há-de ser reservada à avaliação moral das **técnicas de diagnose pré-natal**, que permitem individuar precocemente eventuais anomalias do nascituro. Com efeito, devido à complexidade dessas técnicas, a avaliação em causa deve fazer-se mais cuidadosa e articuladamente" (João Paulo II, 1995, n. 63, p. 52, grifo do original).

Toda intervenção contrária à promoção individual da vida do feto é ilícita. Atualmente, há de se considerar alguns aspectos relevantes quanto ao diagnóstico e à intervenção clínica pré-natal, pois o aquele "está gravemente em oposição com a lei moral quando prevê, em função dos resultados, a eventualidade de provocar um aborto.

Um diagnóstico não deve ser o equivalente de uma sentença de morte" (CIC, 1999, p. 593).

Outro importante aspecto a considerarmos é a **produção de pessoas** com tecnologias de última geração para fins de pesquisa ou de cura. Nesse contexto, vale acrescentarmos a questão do excedente de embriões criopreservados[2], especialmente herdados, em número maior ainda quando não existia legislação própria para a reprodução humana assistida.

Há ainda outras situações que levantam questionamentos éticos com relação à vida em fase embrionária:

> A mesma condenação moral vale para o sistema que desfruta os embriões e os fetos humanos ainda vivos – às vezes "produzidos" propositadamente para este fim através da fecundação **in vitro** – seja como "material biológico" à disposição, seja como **fornecedores de órgãos ou de tecidos para transplante** no tratamento de algumas doenças. Na realidade, o assassínio de criaturas humanas inocentes, ainda que com vantagem para outras, constitui um ato absolutamente inaceitável. (João Paulo II, 1995, n. 63, p. 52, grifo do original)

As experiências científicas nesse âmbito conflitam com a defesa da vida intrauterina defendida pela Igreja, que considera o seguinte:

> A avaliação moral do aborto deve aplicar-se também às recentes formas de **intervenção sobre embriões humanos**, que, não obstante visarem objetivos em si legítimos, implicam inevitavelmente a sua morte. É o caso da **experimentação sobre embriões**, em crescente expansão no campo da pesquisa biomédica e legalmente admitida em alguns países. (João Paulo II, 1995, n. 63, p. 52, grifo do original)

---

[2] Criopreservação é uma técnica de congelamento de material orgânico, como células e tecidos, em baixa temperatura (geralmente −196°C), realizada principalmente em clínicas de reprodução humana para conservar as propriedades biológicas, a estrutura e a funcionalidade do material coletado.

Um sinal de alerta nesse campo é o aumento de abortos após os exames pré-natais, que indicam uma possível prática de eugenia terapêutica (Sgreccia, 1996). A possibilidade de eugenia existe em diversas fases, dado que as atuais tecnologias biomédicas permitem a realização de um amplo diagnóstico.

Na eugenia terapêutica, é feita uma seleção que estabelece se o embrião (ou qual dos embriões) pode continuar vivo em vista de critérios de qualidade de vida e de desenvolvimento padrão esperado do ser humano. O aborto eugênico é legitimado em ambientes nos quais se pretende garantir o desenvolvimento somente de seres humanos que gozem de boa saúde e condições físicas e mentais favoráveis. Assim, justifica-se como "coerente com as exigências 'terapêuticas' – que acolhe a vida apenas sob certas condições, e que recusa a limitação, a deficiência, a enfermidade" (João Paulo II, 1995, n. 14, p. 12). Para além da implantação seletiva, em qualquer fase da gestação, podem se apresentar situações em que se cogite o aborto. O aborto seletivo é possível, portanto, em diferentes fases de desenvolvimento, em consequência de exames pré-natais:

> acontece bastantes vezes que essas técnicas são postas ao serviço de uma mentalidade eugenista que aceita o aborto seletivo, para impedir o nascimento de crianças afetadas por tipos vários de anomalias. Semelhante mentalidade é ignominiosa e absolutamente reprovável, porque pretende medir o valor de uma vida humana apenas segundo parâmetros de "normalidade" e de bem-estar físico, abrindo assim a estrada à legitimação do infanticídio e da eutanásia. (João Paulo II, 1995, n. 63, p. 52)

Sgreccia (1996) acrescenta ao fator técnico o valor da corporeidade como meio de manifestação da identidade. De acordo com o cardeal, o corpo não se reduz a contornos físicos, não é só um conjunto de células. Nesse sentido, é preciso atualizarmos a compreensão cristã católica de corporeidade e de dignidade inerente ao existir humano; segundo os princípios da Igreja, o direito à vida é irrestrito, não sujeito a avaliações que implicam algum tipo de condicionante.

Mais uma vez, é preciso considerarmos que o uso das biotecnologias é reconhecidamente lícito à medida que se propõe a cuidar da saúde, melhorando as condições do embrião e do feto quando estes são atingidos por alguma patologia ou má-formação, mas nunca a fim de alterar processos de vida ou causar eliminação:

> Qualquer intervenção que comporte a supressão da individualidade física de um ser humano, ainda que fosse diretamente desejada para a consecução de benefício de outros, representa uma afronta ao valor fundamental da pessoa humana, pois priva o sujeito humano do valor fundamental sobre o qual se apoiam todos os outros, o valor da vida corpórea. Até mesmo o conceito de qualidade de vida não pode ser anteposto ao da vida em si, pois a qualidade é um atributo complementar da vida. Adotar o critério de qualidade de vida para discriminar e suprimir algumas vidas representa também uma afronta ao princípio da igualdade e de mesma dignidade. (Sgreccia, 1996, p. 231)

O debate ético e o conflito com diversas correntes de pensamento acontecem com relação à finalidade do uso das tecnologias. Um diálogo se torna inviável quando nem todos têm conhecimento sobre as possibilidades das biotecnologias, ou seja, seus benefícios e também as questões éticas delas decorrentes a respeito do ser humano em sua totalidade. Portanto, o diálogo não pode ocorrer de forma isolada e independente das outras dimensões da vida individual e social.

> Segundo os princípios da Igreja, o direito à vida é irrestrito, não sujeito a avaliações que implicam algum tipo de condicionante.

Tendo em vista o que apresentamos até aqui, propomos a seguinte reflexão: Em que sentido determinado modo de decidir e de agir está fundamentado verdadeiramente na dignidade e no bem da pessoa?

3.3 Direito incondicional à vida

Uma vez reconhecido o início da vida na concepção, passa a valer o direito à vida já nessa fase, conforme determina o CIC (1999). Ao tratar dos impactos tecnológicos sobre a vida humana, o destaque está em algumas formas de aborto decorrentes das mesmas tecnologias que, em princípio, destinam-se ao cuidado da vida. Conforme apresentamos na seção anterior, um exemplo é a implantação seletiva do embrião com "o objetivo de ter a certeza de transferir para a mãe só embriões sem defeitos ou de um determinado sexo ou com determinadas qualidades particulares" (Congregação para a Doutrina da Fé, 2008, n. 22) – em síntese, embriões sem indícios de má-formação, como no caso da anencefalia.

É preciso, ainda, ampliarmos o tema do direito à vida para as realidades cotidianas, que vão além das formas de atendimento clínico. As possibilidades oferecidas pela ciência são muitas, mas implicam sério questionamento sobre a ética do respeito à vida. Fatores socioeconômicos e condições de saúde física e psíquica da mulher estão na raiz do aconselhamento pró-aborto.

3.3.1 Estatuto do embrião

Legislações de muitos países contemplam a dignidade humana como princípio fundamental de todos os direitos e de todos os deveres do cidadão. Porém, ainda assim, há diversidade de interpretações em razão da compreensão diferenciada do ser pessoa e da dignidade da pessoa. Mais uma vez, precisamos salientar que há consequências práticas no modo de se ver a pessoa e sua dignidade, especialmente nas fronteiras e nas condições críticas da vida.

Sendo o ser humano pessoa com dignidade inerente à sua existência, cabem-lhe direitos de promoção e de respeito. Isso também deve se estender ao feto, que, como vimos, é um ser humano e, portanto, "goza de plena dignidade humana e do pleno direito à vida, que devem ser reconhecidos em todo o ser humano" (Sgreccia, 1996, p. 270). Além do direito à vida biológica, o nascituro tem direito a ser acolhido com amor e cuidado: "A vida humana deve ser respeitada e protegida de maneira absoluta a partir do momento da concepção. Desde o primeiro momento de sua existência, o ser humano deve ver reconhecidos os seus direitos de pessoa, entre os quais o direito inviolável de todo ser inocente à vida" (CIC, 1999, p. 590).

O feto reconhecido como sujeito e com individualidade própria, tal como defende o Magistério e diversos autores, é sujeito de direitos. No caso do nascituro, como em outras condições de vida que requerem parcial ou total **proteção especial**, faz-se necessária sua promoção e sua defesa não só de maneira pontual, mas com garantias legais e estruturas próprias. Em qualquer condição, o ser humano é humano e é pessoa; portanto, independentemente de seu desenvolvimento individual, "não virá jamais a tornar-se humano, se o não for desde logo" (Sagrada Congregação para a Doutrina da Fé, 1974, n. 12).

O que confere direitos ao feto e ao embrião é sua definição ontológica, seu ser, que "representa um valor individual e fundamental, a vida, sem a qual não há sujeito humano; nessa realidade, o sujeito é biológica e ontologicamente definido e, por isso, representa o primeiro e indispensável fundamento para a realização de todos os outros valores e direitos" (Sgreccia, 1996, p. 271). O ser humano é, portanto, sujeito de direitos desde sua concepção. Seu maior e mais elementar direito é o direito à vida.

3.3.2 Direito irrestrito à vida

O aborto não pode ser tratado como uma ação isolada da gestante. Isso porque, muitas vezes, existe uma condição de fragilização da mulher e, ao mesmo tempo, uma coação externa que ignora seus valores e seu contexto. Os mesmos atores que apoiam a decisão do aborto provocado abandonam a mulher depois dessa prática; por isso, a Igreja ensina que a "cooperação formal para um aborto constitui uma falta grave" (CIC, 1999, p. 592).

O aborto que a Igreja condena irrestritamente é o aborto procurado, intencionalmente provocado, em qualquer situação: "**O aborto direto, isto é, o que se quer como um fim ou como um meio, é uma 'prática infame'**" (CIC, 1999, p. 603, grifo do original). No entanto, é necessário considerarmos outras condições de aborto, como o espontâneo, decorrente de complicações de saúde ou de condição não favorável ao desenvolvimento do feto, e o aborto como efeito colateral de tratamentos inadiáveis, até mesmo como tentativa de salvar o filho, dados os riscos decorrentes da patologia – nessa situação, entra em questão a tênue linha da intencionalidade. Confirmado, por meio de diagnósticos precisos, que o procedimento não pode ser postergado, não se pode falar de um aborto intencional como forma de terapia da gestante ou qualquer outra motivação.

Eis o esclarecimento da Congregação para a Doutrina da Fé, apoiada nas palavras do Papa Pio XII para as famílias:

> Pelo que se refere ao problema de determinados tratamentos médicos para preservar a saúde da mãe, é necessário distinguir bem entre dois fatos diferentes: por um lado, uma intervenção que diretamente provoca a morte do feto, chamada em ocasiões de maneira inapropriada de aborto "terapêutico", que nunca pode ser lícito, pois constitui o assassinato direto de um ser humano inocente; por outro lado, uma intervenção não abortiva em si mesma que

pode ter, como consequência colateral, a morte do filho: "Se, por exemplo, a salvação da vida da futura mãe, independentemente de seu estado de gravidez, requerer urgentemente uma intervenção cirúrgica, ou outro tratamento terapêutico, que teria como consequência acessória, de nenhum modo querida nem pretendida, mas inevitável, a morte do feto, um ato assim já não se poderia considerar um atentado direto contra a vida inocente. Nestas condições, a operação poderia ser considerada lícita, igualmente a outras intervenções médicas similares, sempre que se trate de um bem de elevado valor – como é a vida – e que não seja possível postergá-la após o nascimento do filho, nem recorrer a outro remédio eficaz" (Pio XII, Discurso "Frente à Família" e à Associação de Famílias Numerosas, 27 de novembro de 1951). (Congregação para a Doutrina da Fé, 2009)

Embora as palavras de Pio XII tenham sido retomadas em tempos recentes, em muitas situações, as terapias já avançaram e se tornaram menos perigosas para o feto. Ainda assim, há situações que se enquadram nessa definição e fazem valer a orientação. Uma vez que o feto é reconhecido como ser humano com identidade e personalidade próprias, distintas das da genitora, o chamado *aborto terapêutico* é erroneamente definido, pois a intervenção clínica tem como objetivo solucionar algum problema de saúde da mãe ao eliminar um feto saudável; portanto, na concepção de vida defendida pela Igreja, é a morte de um ser humano pleno, ou seja, a negação do direito à vida em todas as suas dimensões.

Nesse contexto, a convivência e o diálogo bioético são complexos, em virtude de convicções diversas decorrentes de uma visão diferenciada quanto ao ser pessoa, à dignidade e ao reconhecimento do embrião ou do feto como ser humano independente e com estatuto próprio. De maneira simplificada, podemos dividir essas convicções em dois nichos: 1) o do ser humano pessoa com todos os direitos à vida própria desde a concepção; e 2) e o

> O ser humano é pleno desde sua concepção.

do ser humano que se torna pessoa segundo o desenvolvimento neurológico ou de capacidade de se comunicar e estabelecer relações. No primeiro caso, especialmente defendido no ambiente cristão católico, não há uma diferença ontológica, pois **o ser humano é pleno desde sua concepção**. No segundo, a atribuição de ser pessoa e de dignidade de acordo com algum nível de desenvolvimento implica, entre outros, riscos de privação de direitos em determinadas fases e condições.

Vale alertarmos também para a responsabilidade dos genitores no sentido do cuidado preventivo, mesmo que isso inclua alguma renúncia temporária no estilo de vida. Esportes radicais, determinadas medicações, chás terapêuticos, dependências químicas e outros costumes podem ser desaconselhados por seu potencial abortivo. Nesse contexto, é preciso ressaltar a importância da boa comunicação entre os genitores e os profissionais de saúde que acompanham a gestação e a responsabilidade pela vida do feto como ser humano com vida própria. Nesses casos, mesmo não havendo aborto provocado intencionalmente e não podendo-se definir exatamente a relação entre a ação e o efeito, é preciso evitar tais situações com base no senso de responsabilidade.

Outra condição que coloca pessoas e profissionais, muitas vezes, em lados opostos é a questão da anencefalia. De um lado, a condição poderia ser equiparada à morte cerebral, com uma gestação de risco, e caberia à mãe decidir sobre o prosseguimento da gravidez; de outro, a interrupção seria uma eutanásia pré-natal, um aborto eugênico, que representa uma seleção em decorrência de problemas do feto. Nesse caso, a interrupção da gravidez também fere o princípio da dignidade e, na ótica judaico-cristã, é uma afronta ao quinto mandamento. Pessini (2009a, p. 77) comenta a posição do Comitê Nacional de Bioética da Itália sobre o assunto: "Na anencefalia verifica-se ausência completa ou parcial e variável de partes do cérebro, mas partes do encéfalo sempre estão presentes. Por tal razão, afirma-se que não há bases para afirmar falta de consciência, sensibilidade e percepção à dor naqueles que são anencéfalos".

Há quem defenda que a excessiva intervenção clínica após o nascimento é uma maneira de distanciar a morte. Outros, por sua vez, consideram o fato de prolongar a vida de um anencéfalo para além do tempo médio de sobrevida uma prova da imprecisão diagnóstica. Além disso, há a manutenção da gravidez para doação dos órgãos do anencéfalo, o que levanta uma nova questão sobre a intencionalidade: não é a acolhida da vida que está em jogo, mas a doação dos órgãos, uma ação nobre. Acolher a vida em tais condições situa-se no âmbito da defesa da vida desde o início até a morte natural, que, em princípio, aprova as intervenções necessárias para o cuidado com a vida.

Opor-se incondicionalmente ao aborto, mesmo nas condições em que, na visão utilitarista, haveria justa razão para fazê-lo, representa um desafio no âmbito do cuidado tanto do embrião/feto quanto da gestante e de sua família. O cuidado com a vida, ou seja, a promoção da cultura da vida em cada estágio, vai além de ser contra os atentados à vida na fase embrionária ou fetal; é algo que inclui suporte no ambiente familiar, para que a vida acolhida, de fato, seja cuidada e possa desenvolver-se plenamente segundo suas condições particulares.

3.4 Genoma humano, clonagem e células-tronco

O sequenciamento do genoma humano foi uma descoberta extraordinária no processo de conhecimento da complexidade do ser humano. A medicina vislumbrava intervenções em predisposições genéticas, pois, assim, poderia ter terapêuticas preventivas. Contudo, essa possibilidade também abriu precedentes para a discriminação e a eliminação de pessoas com previsões não favoráveis para determinado sistema econômico e político. Esse determinismo genético perdeu força com a descoberta do mundo complexo de combinações originais e dinâmicas dos genes.

O conhecimento profundo do humano levou ao fascínio pela possibilidade da clonagem humana, especialmente após a bem-sucedida experiência com a ovelha Dolly, em 1997: "Por clonagem humana entende-se a reprodução assexual e agâmica do inteiro organismo humano, com o objetivo de produzir uma ou mais 'cópias'" (Congregação para a Doutrina da Fé, 2008, n. 28).

Outra questão que a ciência passou a explorar foi o uso de células-tronco para fins terapêuticos. Embora se trate de um campo louvável, a questão ética é levantada quando se dispõe sobre células-tronco embrionárias. Nesse sentido, podemos propor o seguinte questionamento: Como avançar nessa área promovendo vida tanto nos processos terapêuticos quanto nos meios a serem utilizados?

3.4.1 Genoma humano

Ao anunciar o sequenciamento do genoma humano, o presidente norte-americano na época, Bill Clinton, assim se expressou: "Estamos aprendendo a decifrar a linguagem com que Deus escreveu a vida" (Clinton, 2000, citado por Pessini, 2009a, p. 82). Foi uma descoberta promissora, mas também frustrante, pois foram descobertos bem menos genes (entre 30 mil e 40 mil) do que o esperado pelos cientistas. Também foi identificada uma igualdade biológica que se aproxima dos 100% – o que difere é tão insignificante que derruba qualquer possibilidade de discriminação racial de natureza genética.

O que explica a complexidade do ser humano é a "capacidade de o organismo humano combiná-los [os genes] e transformar-se numa usina bioquímica produtora de proteínas" (Pessini, 2009a, p. 82). Como as combinações do organismo humano são complexas e individualizadas, é também por essa via que se vislumbram tratamentos personalizados. Nessa linha de pesquisa, a fabricação de medicamentos uniformes em grandes quantidades deve dar lugar a composições medicamentosas personalizadas. É oportuno retomarmos aqui a crítica de Fischer (2014) sobre o suposto determinismo científico com base genética de que o previsível absoluto não existe e o organismo humano não pode ser comparado a engrenagens mecânicas, cujo funcionamento e resultado seguem sempre a mesma lógica. As dinâmicas complexas da vida – universais e, ao mesmo tempo, com novidades individualizadas – causam assombro e permitem vislumbrar terapêuticas biológico-genéticas mais apropriadas ao indivíduo.

Como toda inovação científica, com as novas possibilidades e esperanças, apresentam-se alguns dilemas éticos. O leque de novidades, especialmente na área reprodutiva e nas novas formas de terapia, é enorme e exige discernimento entre o que esse avanço significa para a dignificação da pessoa e em que sentido ele serve para a manipulação da vida para fins adversos – o que requer conhecimento e diálogo amplo e consistente. Pessini (2009a, p. 79) frisa que "nem tudo o que é tecnicamente possível é necessariamente desejável para a vida e a dignidade humana". Essa é uma dimensão da humanidade ainda não contemplada na *Declaração Universal dos Direitos Humanos,* de 1948. Por isso, a Organização das Nações Unidas para a Educação, Ciência e Cultura (Unesco) publicou a *Declaração Universal sobre o Genoma Humano e os Direitos Humanos*[3], a fim de possibilitar um consenso globalizado que funcione como uma espécie de diretriz fundamental para as legislações e as diretrizes locais com relação à intervenção científica. Citaremos nesta seção alguns pontos relevantes do documento, como o fato de que o genoma humano une a família humana; não pode ser produto para ganhos financeiros nem

---

3 Edição aprovada por aclamação na 33ª Assembleia Geral, em 2005.

base de discriminação; não está disponível para práticas contrárias à dignidade humana, como clonagem humana multiplicadora; e deve ser destinado a pesquisas que visem ao alívio do sofrimento e à melhoria da saúde individual e coletiva.

A Seção da Relação com os Estados, da Secretaria de Estado do Vaticano, promulgou um documento em que o Grupo Informal sobre Bioética[4] expõe questionamentos referentes à declaração da Unesco (edição de 1997), alertando para a ausência ou a ambiguidade de alguns pontos cruciais. Entre essas questões, podemos destacar as seguintes:

- Afirmação de que a humanidade inteira é responsável pelo genoma humano. Nesse caso, a expressão *patrimônio de toda a humanidade* pode sugerir a possibilidade de posse do genoma por parte de alguma coletividade.
- Impossibilidade de recusa dos profissionais pesquisadores por **objeção de consciência**.
- Proibição da clonagem para a reprodução de seres humanos, mas não para outros fins.
- Falta de clareza da terminologia *prevenir doenças*, que poderia abrir espaço para a seleção de nascituros em função de patologias detectadas, ou seja, prevenção por eliminação.
- Ausência de referências ao embrião e ao feto como seres vivos aos quais se devem aplicar os mesmos princípios.

O cuidado com enunciados claros e precisos nesse campo é fundamental para se garantir o respeito à dignidade humana em todas as fases e circunstâncias. Afinal, quando se trai o próprio pensamento pela possibilidade de interpretações diversas, é preciso rever e adequar a linguagem.

---

[4] Um dos membros desse grupo é o Cardeal Elio Sgreccia, que desenvolveu a abordagem bioética personalista.

3.4.2 Células-tronco e clonagem humana

As células-tronco, que são células estaminais e indiferenciadas, apresentam "duas características fundamentais: a) a capacidade prolongada de se multiplicar sem se diferenciar; b) a capacidade de dar origem a células progenitoras de trânsito, das quais descendem células altamente diferenciadas, por exemplo, nervosas, musculares e hemáticas" (Congregação para a Doutrina da Fé, 2008, n. 31). Essa descoberta aponta para um horizonte de muitas possibilidades terapêuticas, mas que ainda carecem de pesquisas e, sobretudo, de garantias a longo prazo.

Sobre esse assunto, a posição do Magistério não é de oposição absoluta ao desenvolvimento científico, mas de promotor da vida e garantia do respeito à dignidade do ser humano. Ao lado das promessas no campo da medicina regenerativa, levantam-se questões éticas, uma vez que o uso de células-tronco embrionárias implica a manipulação e a eliminação de embriões. A terapia com células-tronco embrionárias não se limita ao uso de embriões excedentes produzidos no âmbito da reprodução humana; ela inclui a clonagem de embriões especificamente para uso terapêutico: "O fato de que seja realizada a clonagem para reproduzir embriões dos quais tirar células que possam ser usadas para a terapia não atenua a gravidade moral, mesmo porque para tirar tais células o embrião deve ser primeiro produzido e depois suprimido" (Pontifício Conselho "Justiça e Paz", 2011, p. 144).

Há um grande interesse pela "**investigação sobre as células estaminais embrionárias** e sobre as possíveis aplicações terapêuticas futuras, que, todavia, até hoje, não encontraram resposta no plano dos resultados efetivos" (Congregação para a Doutrina da Fé, 2008, n. 24, grifo do original). Apesar de existirem muitas promessas com o objetivo de mobilizar as sociedades em favor da pesquisa em si, os resultados ficam a desejar, pois é um processo longo e o que se vislumbra nem sempre chega a se confirmar no decorrer da pesquisa. Formas agressivas de manipulação e de destruição de embriões suscitaram, particularmente no âmbito teológico-pastoral, alertas sobre a questão, com o intuito de promover maior discernimento moral.

Podemos concluir que, embora a finalidade de cura e de regeneração seja louvável, o meio para sua obtenção é questionável. Por isso, a reação à luz da moral cristã é a busca por alternativas que não violem a vida humana. Nenhum resultado terapêutico pode justificar as "diversas formas de manipulação e de destruição de embriões humanos, [pois] surgiu um conjunto de questões no âmbito da terapia genética, da clonagem e da utilização de células estaminais, sobre as quais se impõe um atento discernimento moral" (Congregação para a Doutrina da Fé, 2008, n. 24).

Para não ficar no discurso vazio, a Pontifícia Academia para a Vida (2000), após realizar um aprofundamento no assunto, tornou-se defensora da terapia com células-tronco adultas como via "mais humana a percorrer para um progresso correto e válido neste novo campo que se abre à pesquisa e a promissoras aplicações terapêuticas. Estas representam, sem dúvida, uma grande esperança para um número considerável de pessoas doentes". Cabe ressaltarmos que questionamentos éticos, em qualquer âmbito, têm como efeito no mundo científico a exploração de alternativas que proporcionem resultados iguais ou, ao menos, semelhantes, o que amplia o próprio campo científico.

Na segunda Conferência Internacional sobre Medicina Regenerativa, cujo tema em pauta eram as células-tronco adultas, o Cardeal Ravasi expressou o seguinte durante a coletiva de imprensa:

> É preciso ir ao encontro do drama do sofrimento em alguns âmbitos muito delicados, basta pensar no setor do Alzheimer. Portanto, um grito que é lançado por muitas famílias, diante de questões horizontais, que são tão terrificantes. A nossa atenção nesse âmbito, portanto, é também para mostrar que a fé, a religião não

intervém somente quando existem questões de bioética: não intervém somente de forma negativa, mas afirma também a sua participação em favor de um desenvolvimento positivo, considerando que boa parte da vida pública de Cristo – no Evangelho corresponde à metade – é dedicada à cura de doentes. (Ravasi, citado por Apresentada..., 2013)

Há não somente abertura para as pesquisas com células-tronco adultas, mas também um esforço para se refletir sobre novas possibilidades terapêuticas – nesse caso, eticamente admissíveis, resultantes das pesquisas com células-tronco.

Conforme salientamos anteriormente, os debates sobre a possibilidade de clonagem ganharam força com a publicação do nascimento da ovelha Dolly na revista *Nature Communications*. A clonagem de animal foi realizada pelos cientistas escoceses Ian Wilmut e Keith Campbell, em conjunto com uma equipe do Roslin Institute, localizado em Edimburgo. Os debates se concentraram rapidamente na aplicação da técnica a humanos e no que isso poderia representar para a humanidade. Contudo, esse resultado positivo apresentado ao mundo é de um entre dezenas de resultados malsucedidos. Além disso, patologias e morte precoce esfriaram os ânimos, embora tenha permanecido o questionamento quanto à clonagem reprodutiva e à já citada clonagem terapêutica de seres humanos.

Em 2005, os Estados-membros das Nações Unidas aprovaram um documento sobre a clonagem humana, no qual declaram que proibirão todas as formas de clonagem humana, na medida em que são incompatíveis com a dignidade e a proteção da vida humana" (Resolução das Nações Unidas, citada por Pessini, 2009a, p. 241). Na esteira dessa declaração, o Brasil proibiu a clonagem reprodutiva e estabeleceu diretrizes para a clonagem terapêutica com embriões criopreservados, desde que, entre outros aspectos, os genitores concordem com a inexistência de benefícios financeiros.

A mencionada compatibilidade com a dignidade mais uma vez diversifica as interpretações, pois, enquanto para o mundo da ciência é possível a clonagem terapêutica, na perspectiva da inviolabilidade da vida, o Magistério da Igreja repudia toda forma de clonagem, porque considera os embriões são seres humanos plenos, com identidade própria e direito à vida.

3.5 Vulnerabilidade da vida e proteção especial

Em todos os tempos e sociedades, há pessoas e grupos vulneráveis que precisam de cuidados especiais. Para evitar qualquer forma de paternalismo, a proteção deve ser proporcional ao grau de vulnerabilidade em que a pessoa ou o grupo se encontra. Esse apoio auxilia no desenvolvimento do protagonismo pessoal ou coletivo, proporcionando ao indivíduo ou ao grupo o exercício pleno da autonomia e da liberdade conforme as condições possíveis. Na saúde, a vulnerabilidade é ainda mais complexa, o que torna essa reflexão imprescindível no campo da bioética:

> **Artigo 8°** [...]
> Na aplicação e no avanço dos conhecimentos científicos, da prática médica e das tecnologias que lhes estão associadas, deve ser tomada em consideração a vulnerabilidade humana. Os indivíduos e grupos particularmente vulneráveis devem ser protegidos, e deve ser respeitada a integridade pessoal dos indivíduos em causa. (Unesco, 2006, p. 8, grifo do original)

O próprio apóstolo Paulo convoca as comunidades para colocar seus dons a serviço dos mais vulneráveis: "como os cristãos formam o único corpo de Cristo, a variedade dos dons dos membros deve ser usada em harmonia e com mútuo respeito e amor, dando especial atenção aos membros mais vulneráveis (1Cor 12-13)" (Pontifícia Comissão Bíblica, 2008, n. 56). A questão da vulnerabilidade humana, tanto no âmbito pessoal quanto no coletivo, é um tema especialmente relevante no campo da bioética.

3.5.1 Âmbito pessoal e seu contexto

Em se tratando da vulnerabilidade no âmbito da bioética, o foco se concentra na vida humana e nas condições que a impactam. Nesse sentido, há alguns aspectos relevantes a serem considerados, como a condição da pessoa e seu contexto, as intervenções clínicas e as pesquisas com seres humanos. Em tempos em que não havia regulamentos e diretrizes de pesquisa, muitos pesquisadores se valeram da vulnerabilidade de alguns indivíduos para realizar suas pesquisas, conforme demonstramos no Capítulo 1.

Organizações internacionais, como a Organização das Nações Unidas (ONU) e a Organização Mundial da Saúde (OMS), e governos locais estabeleceram critérios que visam respeitar a dignidade humana em qualquer circunstância. A vulnerabilidade em decorrência de limitações biológicas e mentais e de exclusão em diversos ambientes, como o social, o educacional e o de saúde, é especialmente relevante para a bioética, constituindo um desafio também para a reflexão teológico-pastoral e para a ação eclesial. De acordo com o CIC (1999, p. 593), aqueles cuja "vida está diminuída ou enfraquecida necessitam de um respeito especial. As pessoas doentes ou deficientes devem ser amparadas, para levar uma vida tão normal quanto possível". Isso porque os critérios estabelecidos podem sofrer interferências constantes em uma sociedade em que a dignidade do ser humano é, de muitos modos, ignorada – quando não intencionalmente menosprezada.

Outras vulnerabilidades se referem a fases específicas da vida, como a dependência uterina do feto e do embrião; a necessidade da criança de que o adulto a auxilie no desenvolvimento; a carência do adolescente diante das transformações biológicas e do amadurecimento psíquico; a dependência da pessoa enferma, principalmente tendo em vista o impacto da experiência de limitação e finitude; e a falta de um sentido de vida para os idosos que leve em conta as condições específicas dessa faixa etária e considere seu sentimento diante da incerteza da morte. Todas essas condições não podem ser vistas fora do contexto em que ocorrem, pois a superação ou o agravamento da vulnerabilidade da pessoa depende dele.

Para um olhar mais amplo sobre cada realidade pessoal, faz sentido recorrermos a equipes multidisciplinares. Com razão, as questões bioéticas devem ser debatidas em círculos mais amplos, nos quais haja profissionais de diversas áreas, pois isso garante que diversas dimensões da vida sejam abordadas de maneira associada, evitando a ocorrência de erros mais sérios.

3.5.2 Vulnerabilidade e proteção especial

Há grupos e povos que são vulneráveis por suas condições sociopolíticas cotidianas ou por conflitos e guerras de natureza diversa. No entanto, esses indivíduos não podem ser encarados como meros objetos de grandes decisões políticas, merecendo estar no centro dos debates bioéticos. Os dilemas sobre as condições desfavoráveis de uma sociedade são ainda mais graves, já que tanto o cuidado preventivo relativo a efeitos nocivos quanto as intervenções posteriores implicam muitas questões éticas.

Além disso, na maioria das vezes, essa sociedade está desprovida do básico para a manutenção da vida e para atender a suas emergências.

Nesse sentido, vale destacarmos que os vulneráveis, muitas vezes, são fruto de sociedades injustas e exclusivas e de economias liberais utilitaristas, que geram pobres por exclusão socioeconômica e negam direitos fundamentais, mesmo que esses estejam garantidos em suas respectivas constituições. Pobres, excluídos ou vulneráveis? Esses adjetivos são inseparáveis, visto que a pobreza não engloba apenas bens materiais, mas também uma série de barreiras no acesso a serviços básicos, como educação e saúde, o que torna a população mais pobre vulnerável em diferentes aspectos da vida.

Em Aparecida, no interior de São Paulo, os bispos da América Latina ampliaram o horizonte ao interconectar tais expressões e alinhar uma extensa lista de pobres e excluídos, ou seja, de vulneráveis:

> Fixamos nosso olhar nos rostos dos novos excluídos: os migrantes, as vítimas da violência, os deslocados e refugiados, as vítimas do tráfico de pessoas e sequestros, os desaparecidos, os enfermos de HIV e de enfermidades endêmicas, os toxicodependentes, idosos, meninos e meninas que são vítimas da prostituição, pornografia e violência ou do trabalho infantil, mulheres maltratadas, vítimas da violência, da exclusão e do tráfico para a exploração sexual, pessoas com capacidades diferentes, grandes grupos de desempregados/as, os excluídos pelo analfabetismo tecnológico, as pessoas que vivem na rua das grandes cidades, os indígenas e afro-americanos, agricultores sem-terra e os trabalhadores das minas. (Celam, 2008, p. 181)

Nesse sentido, são grandes os desafios para as comunidades cristãs, que devem servir como "instrumento de Deus ao serviço da libertação e promoção dos pobres, para que possam integrar-se plenamente na sociedade" (Francisco, 2013, p. 111). As questões sociais foram incorporadas às reflexões da bioética, especialmente a partir do olhar da

América Latina, formada por um conjunto de países que diariamente se defrontam com situações graves de exclusão e de violabilidade da vida: "Temos como um enorme desafio refletir e aprofundar a elaboração de um modelo bioético personalista que seja promotor de inclusão e não de exclusão e que garanta a promoção e defesa da vida humana, principalmente da mais vulnerabilizada, enfim, um futuro digno para toda a humanidade" (Pessini, 2009a, p. 60).

> As questões sociais foram incorporadas às reflexões da bioética.

Embora os grupos vulneráveis tenham características próprias, que variam conforme os âmbitos socioeconômico e cultural de cada um, de maneira geral, as situações de vulnerabilidade no contexto da mobilidade humana se intensificaram com a globalização. Apesar de a migração ser, para alguns, um caminho para uma vida melhor, para outros, trata-se de uma necessidade, como no caso dos refugiados, cujos campos de refúgio que surgiram para acolhê-los apresentam condições de saúde e de cuidados precárias.

Síntese

Neste capítulo, demonstramos que a abertura para a vida inclui paternidade e maternidade responsáveis. Conforme salientamos, a defesa da acolhida plena da vida não exclui práticas biomédicas que visem ao pleno desenvolvimento do embrião ou do feto, e sim a negação à vida e a utilização de meios artificiais de geração.

Quanto às biotecnologias do início da vida, apresentamos um debate ético relevante sobre a finalidade de seu uso, visto que o mesmo exame para o diagnóstico de problemas ainda no pré-natal, cujo intuito seria o bem do futuro bebê, pode oferecer dados que possibilitem a prática do aborto eugênico. Fazer a seleção de embriões de acordo com características físicas não é lícito moralmente.

Outra questão ética que levantamos é o próprio direito à vida: Pode-se dispor da vida do embrião? Esse questionamento se aplica também à possível clonagem humana, que teria como intuito a clonagem de embriões para o uso de células-tronco embrionárias. Na certeza de que a fecundação é o início da vida humana, a comunidade de fé, reconhecendo o direito à vida, está atenta particularmente ao uso das tecnologias, ainda mais por se tratar da vida humana na condição mais vulnerável.

Por fim, destacamos que a vulnerabilidade pode ser encontrada em diversas fases da vida, como na infância, na adolescência e na terceira idade, épocas em que as pessoas geralmente necessitam do auxílio de outro indivíduo para suprir determinadas carências. Isso também ocorre no caso de pessoas enfermas e de grupos de vulneráveis. Neste último caso, destacamos a questão da pobreza, na medida em que todos os indivíduos devem ter acesso não somente a uma situação econômica estável, mas também a direitos básicos, como saúde e educação.

Indicações culturais

Documento eclesial

CONGREGAÇÃO PARA A DOUTRINA DA FÉ. **Dignitas Personae**. Roma, 8 set. 2008. Disponível em: <http://www.vatican.va/roman_curia/congregations/cfaith/documents/rc_con_cfaith_doc_20081208_dignitas-personae_po.html>. Acesso em: 15 mar. 2018.

Promulgada pela Congregação da Doutrina da Fé e aprovada pelo Papa Bento XVI, essa instrução doutrinal aborda uma série de desafios da vida nascente. Nesse documento, é possível conferir de que maneira a geração e o desenvolvimento no início da vida são cada vez mais afetados pelas novas biotecnologias, assim como de que modo os procedimentos clínicos se tornam cada vez mais complexos. Isso permite o levantamento de uma série de dilemas éticos referentes à proteção da vida em sua fase mais vulnerável.

Filme

UMA PROVA de amor. Direção: Nick Cassavetes. EUA: PlayArte Pictures, 2009. 107 min.

Anna Fizgerald foi concebida para salvar a vida da própria irmã, situação que lhe impôs inúmeros procedimentos clínicos desde a infância. Dando-se conta disso, Anna decide emancipar-se para ter direito sobre seu próprio corpo. Essa situação levanta várias questões éticas, particularmente sob o olhar da pessoa gerada para um fim específico: a cura de outrem.

Atividades de autoavaliação

1. Tendo em vista os ensinamentos do Magistério, marque V para as alternativas verdadeiras e F para as falsas:
   ( ) O sexo no matrimônio tem caráter unitivo e procriativo.
   ( ) A abertura à vida inclui a paternidade e a maternidade responsáveis.
   ( ) Gerar um filho é participar da criação divina.
   ( ) A abertura para a vida implica procriação ilimitada.

   Assinale a alternativa que corresponde à sequência correta:
   a) F, F, V, V.
   b) V, V, F, F.
   c) V, F, F, V.
   d) V, V, V, F.

2. Com relação à defesa da vida no âmbito cristão católico, marque V para as alternativas verdadeiras e F para as falsas:
   ( ) A maturidade neurológica define o início da vida.
   ( ) O exame pré-natal com o intuito de recuperar a saúde do feto é moralmente admissível.

( ) A interrupção da vida de fetos doentes é moralmente admissível.
( ) O exame pré-natal com o objetivo de abortar fetos com má-formação é ilícito.

Assinale a alternativa que corresponde à sequência correta:
a) F, V, F, V.
b) F, F, V, V.
c) V, V, V, F.
d) V, F, V, F.

3. Assinale a alternativa correta sobre a concepção católica do direito à vida desde a concepção:
   a) Embora dependa do corpo da mãe, o feto é reconhecido como pessoa com dignidade própria.
   b) A dignidade humana independe do grau de desenvolvimento e de formação do feto.
   c) O aborto provocado, em qualquer condição do feto, é erro grave.
   d) Todas as afirmações são corretas.

4. Sobre os aspectos de intervenção tecnológica na vida humana, marque V para as alternativas verdadeiras e F para as falsas:
   ( ) O sequenciamento do genoma humano ratificou o determinismo genético.
   ( ) A clonagem humana multiplicadora é condenada pela comunidade internacional.
   ( ) A Igreja Católica condena pesquisas com células-tronco embrionárias, mas apoia estudos com células-tronco adultas.
   ( ) Os embriões são seres humanos plenos, por isso não são meios para alcançar fins alheios à sua própria existência.

Assinale a alternativa que corresponde à sequência correta:
a) F, F, V, V.
b) V, V, V, F.
c) F, V, V, V.
d) F, F, F, V.

5. A respeito da a vulnerabilidade e da proteção especial na perspectiva bioética, marque V para as alternativas verdadeiras e F para as falsas:
( ) A situação socioeconômica tem impacto significativo sobre a saúde humana.
( ) A Unesco reconhece a necessidade de proteção especial para pessoas em situação de vulnerabilidade em qualquer dimensão da vida.
( ) Em caso de paciente vulnerável no campo da saúde mental, cabe à equipe médica tomar decisões sobre as terapêuticas a serem adotadas.
( ) As migrações forçadas e desprovidas de condições de higiene e de alimentação adequadas tornam os refugiados especialmente vulneráveis a doenças contagiosas.

Assinale a alternativa que corresponde à sequência correta:
a) V, F, V, V.
b) V, V, V, F.
c) F, V, V, V.
d) V, V, F, V.

Atividades de aprendizagem

Questões para reflexão

1. Quais questões relacionadas aos avanços tecnológicos no início da vida são particularmente complexas?

2. Você concorda com pesquisas com células-tronco adultas? Por quê? Que expectativas tais projetos de pesquisa despertam na população?

Atividade aplicada: prática

1. Identifique em sua comunidade projetos que oferecem apoio a gestantes em situação de vulnerabilidade social. Em seguida, elabore um texto com base na seguinte questão: O auxílio no encaminhamento de futuras mães ou de outras pessoas em situação vulnerável configura uma forma de engajamento ou de caridade?

4
Problemas relacionados à vida e à morte

O ser humano é dotado de um mecanismo natural de sobrevivência e, ao mesmo tempo, capacitado para conhecer sua condição de finitude. Esse segundo caso ocorre de diversas maneiras durante a vida, como em situações de risco, sendo que em todas elas a defesa é espontânea e imediata. Os avanços tecnológicos, por vezes, permitem vislumbrar uma vida mais longa, embora não possam extinguir a inevitabilidade da morte. Em determinadas condições, especialmente em experiências em que não há controle sobre a própria vida[1], o impulso pela vida pode dar lugar ao desejo de se libertar de condições desconfortáveis por meio da antecipação da morte.

---

1 No sentido de recuperar a saúde, de ter qualidade de vida segundo um padrão socialmente estabelecido ou mesmo condição psicológica e mental.

Tendo isso em vista, neste capítulo, abordaremos temas relacionados aos dilemas do fim da vida, como eutanásia, distanásia, mistanásia, ortotanásia, fases da morte, cuidados paliativos, sentido da morte à luz da fé cristã e cuidado respeitoso com o corpo.

4.1 Dilemas e esperanças no fim da vida

Devemos evitar tratar a morte apenas como uma questão referente à idade avançada, visto que ela pode manifestar-se em qualquer fase da vida. A etimologia da palavra *morte* vem do grego *thanatos* – na mitologia grega, Tânato é a personificação divina da morte. Daí deriva o termo *tanatologia*, que se refere ao estudo científico da morte.

Entre os termos específicos relativos ao fim da vida, podemos listar os seguintes:

- **eutanásia** – abreviação da vida;
- **distanásia** – distanciamento da morte;
- **mistanásia** ou **eutanásia social** – morte triste, ou seja, causada por descaso ou ausência de cuidados;
- **ortotanásia** – morte natural.

O ensinamento da Igreja orienta que a vida seja cuidada até a morte natural; portanto, não é lícito abreviar a vida nem prolongá-la artificialmente.

4.1.1 Eutanásia: a morte antecipada

A expressão *eutanásia* apareceu pela primeira vez na obra *Historia vitae et mortis* (1623), de Francis Bacon. Nesse livro, o termo está relacionado a questionamentos jurídicos, religiosos e sociais.

De maneira sintetizada, a eutanásia se refere à pretensão de dispor sobre a vida, sendo

> definida como uma "ação médica intencional de apressar ou provocar a morte – com exclusiva finalidade benevolente – de pessoa que se encontra em situação considerada irreversível e incurável, consoante os padrões médicos vigentes, e que padeça de intensos sofrimentos físicos e psíquicos". (Novelino, 2015, p. 373)

Holanda e Bélgica são países pioneiros na legalização da eutanásia no sistema de saúde. Antes mesmo do marco legal, que ocorreu em 2002, essa prática já era tolerada nesses países. Em 2014, a Bélgica excluiu a restrição de idade para a eutanásia, abrindo caminho para a eutanásia de crianças. O antigo costume de praticar eutanásia de crianças nascidas com deficiências físicas, superada em grande parte pelos cristãos, retornou com força após a legalização.

Nos países onde a eutanásia é legalizada, abrem-se debates sobre a possível eutanásia de recém-nascidos com problemas como síndrome de Down, uma vez que o exame pré-natal pode não apresentar resultados plenamente confiáveis.

No âmbito cristão, a eutanásia é a "ação ou omissão que, por sua natureza ou nas intenções, provoca a morte a fim de eliminar toda a dor. A eutanásia situa-se, portanto, ao nível das intenções e ao nível dos métodos empregados" (Sagrada Congregação para a Doutrina da Fé, 1980). Nesse contexto, ação e omissão, de alguma maneira, correspondem aos conceitos de *eutanásia ativa* (ação direta de terceiro no processo) e *eutanásia passiva* (interrupção do tratamento clínico e dos cuidados específicos em curso).

Na perspectiva católica, a eutanásia, assim como o aborto, é moralmente inadmissível, tendo em vista o respeito ao quinto mandamento:

> Sejam quais forem os motivos e os meios, a eutanásia direta consiste em pôr fim à vida de pessoas deficientes, doentes ou moribundas. É moralmente inadmissível.
>
> Assim, uma ação ou uma omissão que, em si ou na intenção, gera a morte a fim de suprimir a dor constitui um assassinato gravemente contrário à dignidade da pessoa humana e ao respeito pelo Deus vivo, seu Criador. O erro de juízo no qual se pode ter caído de boa-fé não muda a natureza deste ato assassino, que sempre deve ser condenado e excluído. (CIC, 1999, p. 594)

Além de condenar a interrupção dos cuidados clínicos, a Igreja ressalta a necessidade de se manterem os cuidados inerentes à sobrevivência e ao bem-estar do paciente, como alimentação e hidratação adequadas, mesmo em casos em que a morte é considerada iminente (CIC, 1999). Nessa ótica, quando há limitação da própria medicina para cura, entra em questão o uso de medicamentos para redução da dor, como a morfina, que pode resultar em redução do tempo de vida do paciente:

> É muito frequente em doentes terminais a presença de dor intensa, dificuldade para respirar ou sintomas de ansiedade, agitação e confusão mental. Para manejar esses sintomas é necessário utilizar drogas como morfina, que podem produzir uma baixa na pressão arterial ou uma depressão respiratória, ou outros fármacos que reduzem o grau de vigilância ou até privam o paciente de sua consciência. Teme-se que os efeitos negativos dessas intervenções médicas possam implicar uma forma de eutanásia. Ante essa inquietude, é importante lembrar o princípio ético tradicional chamado de *duplo efeito*. Ele assinala as condições que deveriam ser observadas para que a realização de um ato que tem dois efeitos – um bom e outro mau – seja lícito. (Pessini, 2007, p. 213)

O duplo efeito mencionado pelo autor tem longa tradição teológica. Sua aplicabilidade vai desde um direcionamento de decisões morais do cotidiano até situações complexas relacionadas à vida. Aqui, é interessante analisarmos a aplicação desse efeito particularmente em pacientes em fase terminal, considerando as análises no contexto da abordagem personalista de Elio Sgreccia (1928-). Segundo o cardeal, como "a terapia farmacológica produz, muitas vezes, efeitos secundários ligados ao efeito terapêutico principal e diretamente pretendido, assim acontece muitas vezes também na experiência moral que a uma ação boa e, talvez, até necessária se unam previsíveis consequências negativas" (Sgreccia, 1996, p. 170). O princípio do duplo efeito, sobretudo em questões da vida humana, é delicado e pode ser moralmente admissível quando observadas algumas condições:

> 1. que a ação pretendida seja em si boa ou, pelo menos, moralmente indiferente;
> 2. que o efeito bom seja diretamente pretendido pela pessoa que age, quer quanto aos fatos, quer quanto à intenção;
> 3. a permissão ou autorização indireta do efeito mau deve ter uma motivação adequada e proporcional [...] para justificar a aceitação ainda que indireta do efeito negativo. (Sgreccia, 1996, p. 170-171)

A aplicação desse princípio exige discernimento e clareza de intenções na escolha de determinado procedimento clínico. Por exemplo: quando se pretende proporcionar conforto a um paciente com fortes dores, o uso de medicação apropriada para esse fim pode implicar resultados adversos. Não havendo alternativas, justifica-se moralmente uma intervenção que inclui algum efeito negativo não desejado, o qual deve ser minimizado tanto quanto possível:

> Ao aplicarmos este princípio [duplo efeito] em relação ao tratamento analgésico com drogas, a morfina, por exemplo, veremos

que a intenção é diretamente aliviar a dor (efeito bom). Trata-se de uma ação boa (analgesia), cujo efeito positivo não é consequência dos efeitos negativos, que são tolerados quando não existem outras alternativas mais eficazes de tratamento. Em tais condições, essa forma de terapia representa o maior bem possível para o paciente. (Pessini, 2007, p. 213)

É válido ressaltarmos que a consequência negativa jamais deve ser uma escolha, mas apenas tolerada como uma das consequências possíveis (e inevitáveis) na falta de alternativas. Nesses casos, a Igreja considera moralmente admissível o uso de medicamentos analgésicos como forma de garantir a dignidade humana quando a intenção é aliviar dores e a morte não é desejada, mesmo que possível, dada a fragilidade do enfermo (CIC, 1999).

No entanto, principalmente para a comunidade cristã, o debate sobre esse tema não pode restringir-se à análise de questões éticas e morais. É preciso identificar os motivos que levam o paciente a pedir a eutanásia, a fim de ajudá-lo nesse momento crucial de sua vida:

> Quando alguém pede para morrer, precisamos avaliar qual o verdadeiro motivo. Na base de várias solicitações de eutanásia, existe muita solidão, abandono e falta de solidariedade humana. O que a pessoa realmente necessita é de melhor assistência, sedativos eficazes, tratamento personalizado, espiritualidade e mais ternura humana. (Pessini, 2009a, p. 176)

Fora os cuidados da equipe multidisciplinar de saúde, que proporcionam condições de conforto físico, psíquico e social, é no campo da fé e da espiritualidade que se pode oferecer suporte para que essa fase tenha sentido pleno de vida, pois, conforme ressalta Pessini (2009a), são a negligência e o abandono que tornam o sofrimento do paciente intolerável.

4.1.2 Distanásia: o distanciamento da morte

A palavra *distanásia* apareceu pela primeira vez na obra *Naissance et Mort* (1904), de Georges Morache. Trata-se da combinação do prefixo latino *dis-* (afastamento) com o termo *thanatos*, que origina o significado de "morte difícil".

Essa expressão é menos conhecida do que *eutanásia*, embora tenha relação direta com ela, pois define seu oposto. Atualmente, podemos interpretar a distanásia como "morte adiada", visto que esse processo resulta da chamada **obstinação terapêutica ou futilidade médica**. Trata-se de uma ação proveniente de procedimentos médicos que não têm mais função terapêutica, dado o estado de saúde debilitado do paciente. Dessa forma, há o adiamento de sua morte, geralmente a custo de muito sofrimento físico e psíquico-espiritual. A manutenção artificial da vida, muitas vezes, atende a uma demanda de familiares e de responsáveis, especialmente quando estes não sabem lidar de maneira adequada com a finitude da vida. Também podemos identificar esse problema em profissionais cuja formação está voltada a salvar vidas a qualquer custo.

Com relação à tecnologia aplicada em prol da distanásia, há desproporção entre os meios utilizados e os resultados a serem alcançados. Portanto, não se alcançam mais efeitos terapêuticos, apenas se distancia a morte. Na bioética, esses meios são chamados de meios desproporcionais. Trata-se da aplicação de meios sem expectativas de efeito terapêutico, o que permite apenas o prologamento da vida. Segundo a moral cristã, tanto a eutanásia quanto a distanásia não são compatíveis com a promoção da vida humana. Não se pode interrompê-la, mas também não se deve prolongá-la artificialmente, de modo particular, quando a motivação principal é a não aceitação da finitude biológica ou a falta de esperança e de convicção de que a morte é apenas uma passagem para a vida plena em Cristo: "A interrupção de procedimentos médicos onerosos, perigosos, extraordinários ou desproporcionais aos resultados esperados pode ser legítima. É a rejeição da 'obstinação terapêutica'. Não se quer dessa maneira provocar a morte; aceita-se não poder impedi-la" (CIC, 1999, p. 594).

Esse procedimento deve ser aprovado pelo paciente ou por seu responsável legal, visto que sua vontade (desde que razoável) e seus interesses legítimos devem ser respeitados (CIC, 1999). Portanto, essa decisão deve ser precedida pelo diálogo entre profissionais de saúde, paciente e seus familiares ou representantes legais, o que requer informação clara sobre o estado terminal e as demandas do paciente nessas condições.

Geralmente, o ser humano busca fazer de tudo para que alguém sob sua responsabilidade recupere a saúde, mesmo diante das evidências da morte iminente, confirmadas por avaliação clínica e por meios biomédicos disponíveis. O que se busca com isso, muitas vezes, é o alívio de consciência, que nem sempre tem em vista o bem do paciente, mas atende à dificuldade, humanamente compreensível, de aceitação da finitude biológica e de despedida do ente querido.

Os meios terapêuticos **proporcionais e desproporcionais**, inicialmente chamados de *ordinários* e *extraordinários*, embora tenham sido amplamente divulgados pela bioética apenas depois de 1970, são conhecidos de longa data no âmbito eclesial católico, precisamente desde a década de 1950. O Papa Pio XII (1876-1958), ao responder a um questionamento de Bruno Haid – médico-chefe da clínica cirúrgica da Universidade de Innsbruck (Áustria) – sobre a reanimação, afirmou que a intervenção clínica em casos graves "obriga habitualmente somente ao emprego de meios ordinários (segundo as circunstâncias das pessoas, lugares, épocas, cultura), quer dizer, meios que não imponham carga extraordinária para si mesmo e para o outro"[2] (Pio XII, 1957, tradução nossa).

Os rasantes avanços biotecnológicos trouxeram questionamentos relacionados às novas possibilidades no âmbito da medicina, particularmente com relação às complexas opções referentes ao fim da vida: "a capacidade da medicina de manter corpos doentes funcionando, mesmo quando a saúde está irremediavelmente perdida, gera dilemas morais relacionados com o término do tratamento, e suscitam discussões éticas em torno da distanásia, do tratamento fútil ou obstinação terapêutica" (Pessini, 2007, p. 48). As mesmas tecnologias que favorecem a recuperação da saúde e permitem vislumbrar uma vida melhor, na recusa da finitude da vida, colocam o ser humano diante de procedimentos clínicos cujo sentido e uso indiscriminado são eticamente questionáveis.

O objetivo da medicina não pode ser a obsessão pela cura quando ela não é mais possível. Seu propósito deve ser o **cuidado integral**, que inclui práticas humanizadas e a acolhida da morte como parte da própria vida, e não como fracasso. Comprometer-se com a vida é ter sensibilidade humana para cada fase dela, inclusive a terminal.

A Igreja, ciente dos desafios complexos com relação à fase terminal, renovou e ampliou as orientações para o agir moral cristão nesse campo. Tendo isso em vista, a *Declaração sobre a eutanásia* apresenta critérios que permitem o discernimento de algumas situações complexas da vida que se situam entre eutanásia e distanásia:

---

[2] "Obliga habitualmente sólo al empleo de los medios ordinarios (según las circunstancias de personas, de lugares, de épocas, de cultura), es decir, a medios que no impongan ninguna carga extraordinaria para sí mismo o para o otro".

- Se não há outros remédios, é lícito, com o acordo do doente, recorrer aos meios de que dispõe a medicina mais avançada, mesmo que eles estejam ainda em fase experimental e não seja isenta de alguns riscos a sua aplicação; [...]
- É também permitido interromper a aplicação de tais meios, quando os resultados não correspondem às esperanças neles depositadas. Mas, para uma tal decisão, ter-se-á em conta o justo desejo do doente e da família, como também o parecer de médicos verdadeiramente competentes; [...]
- É sempre lícito contentar-se com os meios normais que a medicina pode proporcionar. Não se pode, portanto, impor a ninguém a obrigação de recorrer a uma técnica que, embora já em uso, ainda não está isenta de perigos ou é demasiado onerosa. Recusá-la não equivale a um suicídio significa, antes, aceitação da condição humana, preocupação de evitar pôr em ação um dispositivo médico desproporcionado com os resultados que se podem esperar, enfim, vontade de não impor obrigações demasiado pesadas à família ou à coletividade.
- Na iminência de uma morte inevitável, apesar dos meios usados, é lícito em consciência tomar a decisão de renunciar a tratamentos que dariam somente um prolongamento precário e penoso da vida, sem, contudo, interromper os cuidados normais devidos ao doente em casos semelhantes. Por isso, o médico não tem motivos para se angustiar, como se não tivesse prestado assistência a uma pessoa em perigo. (Sagrada Congregação para a Doutrina da Fé, 1980)

Como bom exemplo de aceitação da inevitabilidade da morte, podemos citar as últimas palavras do Papa João Paulo II, uma verdadeira encíclica viva: "Deixem-me ir para a casa do Senhor" (Vaticano..., 2005). Na época, ele renunciou aos procedimentos médicos que, àquela altura, eram desproporcionais aos resultados esperados. Com isso, São João Paulo II nos deixou a lição do sentido do tratamento terapêutico e da aceitação da finitude da vida biológica na esperança na Ressurreição.

4.2 Conceito e desafios éticos da morte natural

A distinção das terminologias derivadas de *thanatos*, como *eutanásia* e *distanásia*, é relevante para a compreensão do que é efetivamente morte natural, ou seja, ortotanásia (*orto* = certo). A morte natural, para o Magistério, é compatível com a moral cristã e com a defesa da cultura da vida. Defender a morte natural não significa abdicar de terapêuticas avançadas e de tecnologias de alta complexidade; trata-se da defesa do uso adequado das tecnologias, sem abreviar a vida nem distanciar a morte, permitindo um curso estabelecido pelas leis próprias da natureza humana.

4.2.1 Ortotanásia: a morte natural

A ortotanásia é o fim digno e justo da vida, sem intervenções desproporcionais, ou seja, ela garante o direito ao cuidado humanizado. Essa terminologia se popularizou recentemente, dada a necessidade de introdução de processos humanizadores ao fim da vida, especialmente no contexto médico, uma vez que o exercício da medicina em tempos de avanços tecnológicos estupendos se aprimorou na dimensão técnica, mas carece de elementos humanitários. A falta de compreensão clara do que significa *ortotanásia* e o despreparo para lidar com a morte tornam essa fase muito complexa para profissionais da saúde, pacientes e familiares.

A ortotanásia implica um "processo de humanização da morte, ao alívio das dores e não incorre em prolongamentos abusivos com a aplicação de meios desproporcionados que imporiam sofrimentos adicionais" (Pessini, 2007, p. 31). Por isso, é relevante a centralidade da ortotanásia no debate sobre a garantia da humanidade no fim da vida. O desafio ético, nesse caso, é reconhecer em que medida as terapêuticas disponíveis são, de fato, benéficas e não alteram o curso da morte natural, tanto no sentido de reduzir o tempo de vida quanto no de prolongá-lo – trata-se da renúncia da obstinação terapêutica.

Os dilemas éticos do fim da vida podem ser amenizados quando a morte é tratada previamente como parte inerente da vida, especialmente com relação às questões mais polêmicas. Conhecer as diferentes posições e discernir o pensamento do Magistério, sobretudo seus fundamentos, pode trazer mais tranquilidade para equipes de profissionais da saúde, pacientes e seus familiares. Muitos questionamentos não resolvidos nesse contexto podem contribuir para o sofrimento e para a não superação de luto de familiares e de amigos, sendo comum o desenvolvimento posterior de um sentimento de culpa por aquilo que poderia ter sido feito. Quanto maiores forem o esclarecimento e a disposição interior preliminar, melhor será a superação, pois é um fator que tranquiliza as pessoas envolvidas em decisões complexas relativas à vida e à morte.

Os meios terapêuticos disponíveis e acessíveis podem ser empregados, desde que sejam proporcionais aos resultados esperados:

> A ortotanásia permite ao doente que se encontra diante da morte iminente e inevitável, bem como àqueles que estão ao seu redor – sejam familiares, sejam amigos, sejam profissionais de saúde –, enfrentar com naturalidade a realidade dos fatos, encarando a vida não como uma doença para qual se deva achar a cura a todo o custo, mas sim como condição que faz parte do nosso ciclo natural. (Pessini, 2009a, p. 179)

A escolha do local (hospital, casa etc) e de como o doente quer passar seus últimos dias é relevante, pois também possibilita cuidados que, dependendo do local, não seriam possíveis. Nesse sentido, vale ressaltarmos a companhia da família e de outras pessoas significativas ao longo da vida e a assistência espiritual.

O esforço de ambientes humanizados e de direitos garantidos legalmente nas instituições de saúde não alcança a mesma qualidade dos cuidados no ambiente familiar; por outro lado, é preciso avaliar as condições deste ambiente e o estado de saúde física e mental, bem como as habilidades e a disponibilidade dos familiares para dar o cuidado necessário. As experiências de cuidado e de ternura humana conferem sentido e tranquilidade para a superação dessa condição difícil e irreversível, porém inerente à vida humana. Os cuidados específicos do fim da vida, quando confirmada a condição de paciente terminal, recebem o nome de *cuidados paliativos*.

> Os dilemas éticos do fim da vida podem ser amenizados quando a morte é tratada previamente como parte inerente da vida.

4.2.2 Marco legal da ortotanásia

Nos países ocidentais, não existe uma relação natural com temas relativos à fase terminal da vida e à morte. Por isso, é normal que os profissionais da saúde, embora se deparem com a questão no dia a dia, tenham dificuldades de lidar com algumas situações que envolvem a morte, desde o objetivo quase exclusivo de curar até a comunicação de notícias difíceis relacionadas à chegada da morte, incluindo óbitos no ambiente hospitalar. Esse enfrentamento da morte também constitui uma fase extremamente delicada e inquietante para o paciente e seus familiares.

Para tornar o processo de decisão pela ortotanásia mais seguro para profissionais da saúde, pacientes e familiares, foram feitas tentativas de alinhamento com um projeto de lei específico, cujo objetivo não era impor um procedimento, mas torná-lo legalmente possível. Com esse intuito, foi apresentado o Projeto de Lei do Senado n. 116, de 2000 (Brasil, 2000), que propõe um acréscimo ao Decreto-Lei n. 2.848, de 7 de dezembro de 1940.

A comissão de bioética da Conferência Nacional dos Bispos do Brasil (CNBB) propôs um enunciado relativo, sobretudo, aos direitos e aos cuidados devidos ao paciente que optar pela ortotanásia. A proposta resultou no Projeto de Lei n. 524, de 25 de novembro de 2009 (Brasil, 2009), que substituiu o projeto anterior:

> Art. 1º Esta Lei dispõe sobre os direitos da pessoa que se encontre em fase terminal de doença, no que diz respeito à tomada de decisões sobre a instituição, a limitação ou a suspensão de procedimentos terapêuticos, paliativos e mitigadores do sofrimento.
>
> Art. 2º A pessoa em fase terminal de doença tem direito, sem prejuízo de outros procedimentos terapêuticos que se mostrarem cabíveis, a cuidados paliativos e mitigadores do sofrimento, proporcionais e adequados à sua situação.
>
> Art. 3º Para os efeitos desta Lei, são adotadas as seguintes definições:
> I – pessoa em fase terminal de doença: pessoa portadora de doença incurável, progressiva e em estágio avançado com prognóstico de ocorrência de morte próxima e inevitável sem perspectiva de melhora do quadro clínico mediante a instituição de procedimentos terapêuticos proporcionais;
> II – procedimentos paliativos e mitigadores do sofrimento: procedimentos que promovam a qualidade de vida do paciente e de seus familiares, mediante prevenção e tratamento para o alívio de dor e de sofrimento de natureza física, psíquica, social e espiritual.
> (Brasil, 2009)

Em pesquisa recente, ficou confirmado que o Projeto de Lei n. 524/2009 foi arquivado no fim da legislatura, em dezembro de 2014. O Código Penal Brasileiro, portanto, não contempla questões como eutanásia e ortotanásia. Toda ajuda para a prática da eutanásia, mesmo a pedido do paciente, é tratada na esfera do suicídio/homicídio, dependendo das circunstâncias.

O Conselho Federal de Medicina (CFM), além do debate interno da categoria sobre a ortotanásia, ampliou as discussões na sociedade, com a participação de juristas, religiosos e bioeticistas. Como resultado, a ortotanásia foi contemplada no novo Código de Ética Médica. No Capítulo I, inciso XXII, consta que, em "situações clínicas irreversíveis", o médico deve evitar procedimentos desproporcionais e oferecer cuidados paliativos. Já no Capítulo V, art. 41, parágrafo único, apresenta-se a possibilidade de suspensão de procedimentos desproporcionais, desde que a condição clínica seja conhecida pelo paciente e ele concorde com essa conduta. Caso o paciente esteja incapacitado para a decisão, esta cabe aos seus representantes legais (CFM, 2010). Esse ponto, não obstante a boa receptividade e os elogios à abordagem, recebeu críticas e chegou a ser considerada inconstitucional por, supostamente, abrir caminho para a eutanásia. Porém, trata-se de uma confusão de terminologias, já que somente o domínio dos termos *eutanásia*, *distanásia* e *ortotanásia* permite discernir o que é uma opção moralmente admissível nesse contexto, até mesmo se analisarmos o alinhamento com o ensinamento do Magistério da Igreja Católica – referência deste estudo.

Vejamos a seguir a avaliação de Pessini (2010, p. 127) sobre a questão:

> Em suma, o Código diz não à pratica da eutanásia (isso é tradicional) e também não à prática da distanásia (isso é novo) e introduz na área dos cuidados médicos, quando estamos frente a uma situação de não possibilidade de cura, a oferta de cuidados paliativos. Essa filosofia de cuidados é uma proposta de abordagem integral à pessoa, indo ao encontro das necessidades físicas, psíquicas, sociais e espirituais, quando estamos frente a uma pessoa com doença crônico-degenerativa ou sem prognóstico positivo ou em fase final de vida.

Tanto a tentativa de aprovação de legislação (civil) quanto o Código de Ética Médica (corporativo) exigem cuidados paliativos, ou seja, de conforto e de sentido de vida na fase terminal.

4.3 Cuidados paliativos

Os cuidados paliativos são os cuidados básicos e humanizados da pessoa em fase terminal, cujo objetivo é oferecer espaço e modo de cuidado que garanta qualidade de vida e bem-estar até o fim da vida. O conforto e a satisfação das necessidades básicas em todas as dimensões da vida são essenciais para que a pessoa tenha a experiência de sentido pleno de vida todos os dias.

4.3.1 Origem e filosofia dos cuidados paliativos

Inicialmente, é importante explicarmos o significado específico do termo *paliativo* no campo da saúde. De acordo com o senso comum ou o empresarial, o termo significa "solução fácil", ou seja, faz-se uso de alguns instrumentos e artifícios antes de se aplicar uma solução definitiva a um problema – o famoso "tapa-buraco". Essa concepção pode levar à compreensão equivocada de que os cuidados paliativos são inferiores ou secundários. No entanto, no contexto da saúde, esses cuidados preservam o significado original do termo, que deriva do latim *pallium*, que quer dizer "manto" – objeto que abriga e traz conforto.

Em 1967, os cuidados paliativos foram iniciados por Cicely Saunders (1918-2005), enfermeira, assistente social e médica. Ela fundou o St. Christopher's Hospice[3], que foi mais do que um lugar, visto que proporcionou o desenvolvimento da filosofia do cuidado integral do paciente em fase terminal. Dessa maneira, Saunders (2014, p. 666) fez

---

[3] O termo *hospice* era usado na Idade Média para designar hospedarias, geralmente ligadas a monastérios. O uso atual, criado por Saunders, remonta a um lugar e a uma filosofia de cuidados no fim da vida – cuidados paliativos.

uma revolução no mundo: "Temos de fazer uma avaliação o mais cuidadosa possível dos sintomas que causam problemas para o paciente. Não é simplesmente diagnosticar e prescrever um tratamento específico. [...] Significa tratar da dor e de tudo o que pode ser adicionado ao estado geral de sofrimento pela doença".

A proposta dos cuidados paliativos é proporcionar qualidade de vida aos pacientes em estado terminal, seus familiares e seus cuidadores. Especialmente nessa fase, é preciso superar a visão secularista que "valoriza e radicaliza a liberdade e autonomia pessoal, elegendo a pessoa como a única protagonista do processo vida e morte" (Pessini, 2009a, p. 91). Essa radicalização despreza o contexto do indivíduo e o eleva a uma condição independente do plano transcendental, ao considerá-lo o único responsável pelo seu destino. Ainda assim, conforme alerta Pessini (2009a, p. 91), embora essa concepção defenda "o conceito seletivo de qualidade vida", ela não considera que não é "qualquer vida que merece ser vivida".

A qualidade de vida supõe o cuidado integral do paciente para que ele se sinta confortável tanto na dimensão física quanto na psíquica e na espiritual: "A abordagem global baseia-se na compreensão de que a pessoa é uma entidade indivisível, um ser físico e espiritual. A única resposta apropriada para a pessoa é o respeito: vê-la e ouvi-la no contexto de sua cultura e seus relacionamentos significativos" (Saunders, 2014, p. 668). O cuidado requer sensibilidade para compreender o paciente, mesmo quando suas condições para a comunicação são limitadas ou quando ele apresenta dificuldades para manifestar seus sentimentos mais profundos, visto que é nessa fase que emergem desejos e questionamentos inerentes à experiência cruel de finitude: "A busca de sentido, em alguém para confiar, pode ser expressa de muitas maneiras, direta e indiretamente, metaforicamente, ou no silêncio dos gestos e símbolos, ou pela arte e até mesmo a criatividade potencial no fim da vida" (Saunders, 2014, p. 668). Trata-se de uma fase de menos palavras e de mais ternura, em que gestos de cuidados podem criar uma relação humanizada relevante com o paciente:

> Entre outras necessidades que se tornam evidentes neste momento, destacam-se o respeito pela autonomia da pessoa – o que não significa abandoná-la à própria sorte –; permitir que saiba a verdade sobre sua condição de saúde, colocando-a como partícipe do processo de tomada de decisões; e fazer com que ela tenha sua dor e sofrimento cuidados, sem tratá-la como mero objeto. (Pessini, 2009a, p. 181)

Com cuidados adequados integrais, embora o paciente permaneça inconsolável em determinados aspectos, esse sentimento passa a ser gradativamente reduzido, permitindo que ele encontre paz nessa fase final da vida (Saunders, 2014). Os cuidadores (familiares ou não) não são só dispensadores de cuidado, visto que necessitam cuidar de si próprios também, o que gera um confronto interno com a própria realidade: "Nós nos apresentamos não somente com nossa capacidade profissional, mas em toda a nossa humanidade vulnerável" (Saunders, 2014, p. 668).

4.3.2 Um modo particular de caridade cristã

Como promotora e defensora da vida em todos os lugares e circunstâncias, a Igreja vê os cuidados paliativos como um campo de ação solidária por excelência: "Os cuidados paliativos constituem uma forma privilegiada de caridade desinteressada. Por esta razão devem ser encorajados" (CIC, 1999, p. 594). O engajamento profético dos cristãos na implementação e na expansão dos cuidados paliativos é essencial para a promoção de uma cultura de vida até seu fim natural. No campo das pastorais do cuidado (Pastoral da Saúde), é necessário mais do que conforto espiritual; é preciso considerar todos os tipos de assistência, não para invadir competências alheias, mas para possibilitar que os mesmos objetivos de bem-estar e de conforto sejam alcançados. É fundamental acolher com ternura a pessoa em sua unitotalidade, escutar suas angústias e fortalecê-la na esperança cristã: "O **fator humano** nunca será dispensável ou descartável. Ele passa pela comunicação que ouve, acolhe e respeita o outro ser humano, nas suas verdades, nos seus clamores e nos seus valores" (Pessini, 2009a, p. 180, grifo do original).

Essa fase aflora, de modo particular, questionamentos relativos ao sentido da vida, incluindo a perspectiva da morte, pois a experiência da finitude desperta a necessidade de resolver tudo o que diz respeito à vida presente e às suas relações. Por isso, a assistência espiritual é extremamente relevante como conforto e ponte, pois visa garantir que o paciente tenha suas necessidades atendidas no campo da profissão de sua fé: "quando se aproxima a morte, as pessoas devem estar em condições de poder satisfazer as suas obrigações morais e familiares, e devem sobretudo poder-se preparar com plena consciência para o encontro definitivo com Deus" (João Paulo II, 1995, n. 65, p. 54).

4.4 Estágios da morte segundo Kübler-Ross

Elisabeth Kübler-Ross (1926-2004), nascida na Suíça e radicada nos Estados Unidos, foi uma estudiosa das condições de vida diante da morte e deixou um grande legado para a humanização no fim da vida. Por meio de sua atividade profissional técnico-científica e da observação de inúmeras pessoas em fase terminal, Kübler-Ross concluiu as fases inerentes ao período que antecede a morte: negação, raiva, barganha, depressão e aceitação. Essa compreensão dos estágios permite que seja dado um apoio mais acertado às pessoas que estão no fim da vida. O núcleo mais próximo – família e amigos – pode tornar esse tempo mais humano por meio da inteiração da real condição da pessoa, que permite compreender melhor suas reações. Por esse motivo, Kübler-Ross foi uma grande incentivadora dos cuidados no fim da vida nos *hospices*.

4.4.1 Experiências diante da morte

Como psiquiatra, Kübler-Ross dedicou grande parte de sua vida profissional ao cuidado de pacientes em fase terminal. Suas experiências serviram de base para seus escritos, que se tornaram uma referência para a tanatologia. Nesse sentido, podemos destacar a obra *Sobre a morte e o morrer* (1969), na qual a a médica aborda os cinco estágios do fim da vida.

A importância da contribuição de Kübler-Ross no âmbito teológico-pastoral resulta do diálogo entre essa área e as ciências humanas, encorajado pelo Concílio Vaticano II. Esse diálogo permite uma compreensão mais ampla da pessoa e do cuidado mais qualificado à luz da fé cristã, especialmente na fase final da vida.

> Quanto mais avançamos na ciência, mais parece que tememos e negamos a realidade da morte. Como é possível? Recorremos aos eufemismos; fazemos com que o morto pareça adormecido; mandamos que as crianças saiam, para protegê-las da ansiedade e do túmulo reinantes na casa, isto quando o paciente tem a felicidade de morrer em seu lar; impedimos que as crianças visitem seus pais que se encontram à beira da morte nos hospitais; sustentamos discussões longas e controvertidas sobre dizer ou não a verdade ao paciente, dúvida que raramente surge quando é atendido pelo médico da família que o acompanhou desde o parto até a morte e que está a par das fraquezas e forças de cada membro da família. (Kübler-Ross, 1996, p. 19)

Embora o ser humano seja o único ser vivo consciente de seu destino final, a morte se tornou algo tenebroso, que é preciso esconder – ao menos em suas manifestações visíveis. Geralmente acontece em um ambiente alheio, longe do espaço acolhedor e humano da própria casa: "já se vão longe os dias em que era permitido a um homem morrer em paz e dignamente em seu próprio lar" (Kübler-Ross, 1996, p. 19). Distanciar-se e encobrir essa realidade com máscaras, submetendo o corpo a procedimentos que recuperam a aparência "natural" (como a aplicação de maquiagens), revela a dificuldade humana de enfrentar a morte e seus aspectos próprios.

O que para muitos é uma questão de fé é, para Kübler-Ross (1996, p. 11), uma certeza: "Morrer é como mudar-se de uma casa para outra mais bonita". Em outras palavras, a morte não se trata de um fim, mas de um novo nascimento: "A experiência da morte é quase idêntica à do nascimento. É como nascer para uma vida diferente, que pode ser vivida com muita simplicidade. Por milhares de anos, você foi levado a 'acreditar' nas coisas do além. Mas, para mim, já não se trata de acreditar, mas de saber" (Kübler-Ross, 1996, p. 10). Embora esse segundo nascimento assuma aspectos próprios, de acordo com cada crença, há uma certeza em comum: a de que a morte não é o fim.

4.4.2 Cinco estágios da morte

Kübler-Ross (1996) dedicou boa parte do livro *Sobre a morte e o morrer* aos cinco estágios que o ser humano encara quando está diante da morte. A sequência pode variar, pois, quando se trata da vida e de seus desafios, não se pode falar de um processo linear, já que os progressos e os regressos, os compassos, as ações e as reações podem variar de um indivíduo para outro. O importante não é somente saber as características de cada estágio, mas também compreender as atitudes e as formas de cuidado físico, psíquico e espiritual apropriadas em cada situação. Os estágios observados por Kübler-Ross são aqueles que se seguem ao diagnóstico médico, confirmando o estado terminal do paciente e a falta de expectativa de recuperação por parte da medicina.

O primeiro estágio é a **negação**, um mecanismo de defesa que faz o paciente não acreditar que está passando por aquela situação: "Não, eu não, não pode ser verdade!" (Kübler-Ross, 1996, p. 51). Esse estágio pode levar o paciente à tentativa de isolamento, tendo em vista a capacidade de cada um de absorver notícias dolorosas. Por isso, nessa fase, a pessoa precisa de escuta e de compreensão.

O segundo estágio é a **raiva**, que também é um sinal de que a pessoa está superando a fase da negação: "Não, não é verdade, isso não pode acontecer comigo!" (Kübler-Ross, 1996, p. 63). Se a pessoa sente raiva, é porque já entendeu que a morte é fato real para sua condição, o que a leva a revoltar-se e a tornar-se agressiva. Essa revolta acarreta algumas comparações como: "Por que estou passando por isso? Há tantas pessoas ruins no mundo!". Por essa razão, nessa fase, ajudar significa compreender o sentimento da pessoa, evitar discursos ou conselhos, mostrar-se próximo e expressar respeito e solidariedade.

Após passar a raiva, vem o estágio da **barganha**, em que o paciente geralmente recorre ao transcendental, a uma força superior, a Deus: "Se Deus decidiu levar-me deste mundo e não atendeu meus apelos cheios de ira, talvez seja mais condescendente se eu apelar com calma" (Kübler-Ross, 1996, p. 95). A mudança de comportamento é uma moeda de troca, assim como o oferecimento de orações e promessas em busca de saúde. A revolta e a agressividade dão lugar à tranquilidade e à reflexão, o que faz parte da própria barganha.

A pessoa sente a evolução da doença à medida que fica mais debilitada, sendo que essa indicação do corpo torna a morte ainda mais palpável.

Embora a barganha não resolva o problema, ela salienta a consciência de finitude, dadas as condições em que a pessoa se encontra. Sob essa perspectiva exclusiva, a pessoa é acometida pelo quarto estágio: a **depressão** – mais especificamente pelo desânimo e pela tristeza diante do inevitável. Por isso, nessa fase, são comuns o choro e a indiferença da pessoa diante das tentativas de ajudá-la a aproveitar a vida até o fim.

A **aceitação** é o último estágio. Nele, a pessoa se entrega e aceita a inevitabilidade da morte, uma vez que nada funcionou e a fragilidade física aumenta paulatinamente. Por vezes, esse processo ocorre de maneira acelerada; outras, a doença se estende e progride de forma mais lenta. Nessa fase, é comum a pessoa tentar resolver pendências familiares, financeiras etc. Por isso, é bom que um familiar ou outro cuidador fique atento ao que pode ser feito para ajudar o enfermo, pois isso pode trazer-lhe serenidade e paz emocional. Quando o cuidador não é um familiar, mesmo que algumas questões não lhe caibam diretamente, ele pode intermediar a situação com a comunicação e os encaminhamentos necessários. Se nos estágios anteriores a pessoa pode ter dificuldade para falar de assistência espiritual na perspectiva do fim da vida, agora o momento se torna propício a isso. Muitas vezes, os desejos do paciente relacionados à sua preparação para a morte são viáveis e, por isso, deve-se aproveitar a situação para satisfazê-los.

É oportuno reafirmar que os estágios se manifestam de modo diferenciado, dependendo da personalidade, do modo de vida e de como essa situação é encarada. Em todos os casos, é preciso ficar atento e, quando possível, auxiliar a pessoa de modo que ela possa superar cada estágio da maneira mais tranquila possível. Nessa situação, o cuidado se manifesta pela presença silenciosa e compreensiva, pelo respeito aos sentimentos do paciente, pelas reações próprias de cada fase e pela palavra certa no momento certo.

4.5 Morte à luz da fé

Atualmente, há uma série de procedimentos que visam mascarar a morte, como o excessivo cuidado com o corpo (tanatopraxia e necromaquiagem) e o funeral na capela mortuária do cemitério, longe do ambiente de vida da pessoa. O cuidado comedido, porém, é justo, tendo em vista "a grande dignidade do corpo humano como parte integrante da pessoa da qual o corpo partilha a história" (Congregação para a Doutrina da Fé, 2016, n. 3). Entretanto, conforme salienta a Igreja, essa dignidade inerente ao corpo humano exige que os ritos e os comportamentos que envolvem essa etapa não partilhem concepções equivocadas sobre a morte (Congregação para a Doutrina da Fé, 2016).

Os ritos fúnebres visam à expressão da dignidade e da fé na ressurreição e, como tais, devem ser vividos e respeitados – a cremação, por exemplo, é permitida e segue ritos próprios que garantem respeito à dignidade do corpo (CIC, 1999).

4.5.1 Despedida definitiva e esperança cristã

Terminada a jornada histórica, o moribundo se despede dos seus e vice-versa. Embora a passagem seja sempre um momento de dor pela separação, ela é amenizada pela esperança na ressurreição. O problema é quando esse sofrimento toma dimensões desproporcionais, pois "o luto, quando não bem trabalhado ou vivido, torna-se um trauma, impedindo que a pessoa continue a viver também com alegria" (Bertachini; Pessini, 2011, p. 11).

A experiência da fragilidade humana na doença, na dor e na própria morte é uma dimensão inerente ao mistério da vida: "É diante da morte que o enigma da condição humana atinge seu ponto mais alto"

(CIC, 1999, p. 283). A força interior que ilumina a morte é a esperança na ressurreição, na passagem para a vida nova em Cristo, sentido último e pleno da existência humana.

A fase terminal da vida terrena é o momento de preparação para essa passagem. O sofrimento, as angústias e as incertezas, tão intensas, fazem parte de uma preparação que culmina na entrega total a Deus: "Todos os homens devem preparar-se cuidadosamente para este acontecimento, à luz dos valores humanos, e os cristãos mais ainda à luz da sua fé" (Sagrada Congregação para a Doutrina da Fé, 1980).

4.5.2 Cuidado com o corpo

A visão da unitotalidade da pessoa, em virtude do significado do corpo em vida, requer respeito à dignidade também no tratamento do corpo pós-morte. À luz da fé cristã, há alguns procedimentos a serem evitados, como a excessiva necromaquiagem e o desrespeito ao corpo, ou às cinzas, em caso de cremação. Certamente, tanto quanto for possível, o corpo deve ser conservado em bom estado – em caso de doação de órgãos, ele deve ser recomposto. Porém, o excessivo cuidado com o corpo revela a dificuldade de se confrontar a finitude, o que torna necessário o discernimento entre o culto descomedido ao corpo e o respeito que lhe é devido: "A partir do momento da morte, o corpo deixa de ser um componente da pessoa humana. Torna-se cadáver, um *res sacra*. Acontece a perda da personalidade ontológica e jurídica e de seus atributos. O respeito então deriva da dignidade que se reconhece à pessoa humana em vida" (Sgreccia, 1997, p. 296).

> O rito fúnebre cristão se orienta pela fé na ressurreição e pelo respeito à dignidade do corpo.

O rito fúnebre cristão se orienta pela fé na ressurreição e pelo respeito à dignidade do corpo. Quanto à cremação, a Igreja esclarece que ela é permitida, desde que não manifeste "uma posição contrária à fé na ressurreição dos corpos" (CIC, 1999, p. 599). Assim como o velório e o enterro, a cremação requer cuidado com o corpo, como sua conservação em local digno antes da cerimônia e a preservação das cinzas em local sagrado (Congregação para a Doutrina da Fé, 2016).

Há situações em que o corpo não é procurado pelos familiares. Nesses casos, os órgãos competentes devem providenciar um enterro digno, cabendo às pastorais do cuidado prestar solidariedade e auxílio.

Síntese

Neste capítulo, apresentamos como os desafios éticos referentes ao fim da vida estão cada vez mais complexos. A morte é inerente à vida, embora seja temida e considerada fonte de insegurança e angústia. De um lado, a supremacia da qualidade de vida em detrimento da vida em si está na raiz de uma corrente que defende seu encurtamento por meio da eutanásia; de outro, está a dificuldade de aceitar que a finitude da vida pode levar profissionais da saúde, pacientes e familiares à obstinação terapêutica. Por sua vez, o Magistério, os círculos de debates bioéticos e a própria ética médica exigem e adotam uma postura em favor do declínio natural da vida, promovendo condições de conforto e de apoio multiprofissional ao paciente e a seus familiares.

Como demonstramos, cuidar da vida em seu acaso é uma forma de caridade cristã e de solidariedade. No entanto, apenas o debate sobre essas questões não é suficiente, cabendo às comunidades cristãs, conforme suas possibilidades e em parceria com outras instâncias da sociedade – quando preservados os princípios da dignidade humana em todas as fases –, engajar-se no cuidado da vida.

Indicação cultural

Documento eclesial
SAGRADA CONGREGAÇÃO PARA A DOUTRINA DA FÉ. **Declaração sobre a eutanásia**. Roma, 5 maio 1980. Disponível em: <http://www.vatican.va/roman_curia/congregations/cfaith/documents/rc_con_cfaith_doc_19800505_euthanasia_po.html>. Acesso em: 16 mar. 2018.

Esse texto aborda o conceito claro de eutanásia e sua condenação com base na dignidade da pessoa. Com os avanços das biotecnologias, o fim da vida se tornou muito complexo, tendo em vista as possibilidades de interrompê-la de modo cada vez menos doloroso, assim como os métodos de distanciamento da morte. O texto apresenta um posicionamento claro do Magistério, que condena todas as formas de eutanásia, reconhecendo a possibilidade da prática da distanásia como um dilema ético decorrente de tais avanços.

Atividades de autoavaliação

1. Sobre as situações próprias do fim da vida, marque V para as alternativas verdadeiras e F para as falsas:
   ( ) A ação com o propósito de provocar a morte chama-se *eutanásia*.
   ( ) *Distanásia* significa distanciar a morte por meio de tratamento desproporcional aos resultados esperados.
   ( ) A eutanásia é proibida em todos os países europeus.
   ( ) Recusar o uso de meios clínicos desproporcionais é moralmente inadmissível.

Assinale a alternativa que corresponde à sequência correta:
a) F, F, V, V.
b) V, V, F, F.
c) V, F, F, V.
d) V, V, V, F.

2. Tendo em vista a morte natural na concepção da Igreja Católica, marque V para as alternativas verdadeiras e F para as falsas:
   ( ) *Morte natural* e *ortotanásia* são expressões com sentido semelhante.
   ( ) Renunciar à obstinação terapêutica e aceitar a morte é uma atitude cristã.
   ( ) A ortotanásia é contrária ao conceito de vida da Igreja Católica.
   ( ) Na esperança cristã, a plenitude de vida inclui a própria morte.

   Assinale a alternativa que corresponde à sequência correta:
   a) F, V, F, V.
   b) V, V, F, F.
   c) V, V, F, V.
   d) F, F, V, F.

3. Assinale a alternativa correta acerca dos cuidados paliativos:
   a) Os cuidados paliativos foram desenvolvidos por Cicely Saunders.
   b) Os cuidados paliativos visam ao bem-estar e ao conforto de pacientes em fase terminal.
   c) A assistência espiritual é um dos serviços essenciais dos cuidados paliativos.
   d) Todas as afirmações estão corretas.

4. Assinale a alternativa que indica a sequência correta dos estágios da morte, segundo Kübler-Ross:
   a) Negação, raiva, barganha, depressão e aceitação.
   b) Negação, euforia, depressão, desespero e medo.
   c) Negação, raiva, amor, ódio, tristeza e aceitação.
   d) Aceitação, tristeza, depressão, ódio e medo.

5. Considerando a posição da Igreja sobre os cuidados e os ritos fúnebres, marque V para as alternativas verdadeiras e F para as falsas:
   ( ) Após a morte, o corpo, em virtude da dignidade da pessoa em sua totalidade, deve ser tratado de maneira respeitosa.
   ( ) O excessivo cuidado com o corpo, por meio de serviços sempre mais sofisticados de tanatopraxia e necromaquiagem, visa mascarar a morte.
   ( ) Os ritos fúnebres expressam a fé na ressurreição e o respeito pelo corpo.
   ( ) A cremação não é permitida pela Igreja Católica.

   Assinale a alternativa que corresponde à sequência correta:
   a) V, F, V, F.
   b) V, V, V, F.
   c) F, V, V, F.
   d) V, V, F, V.

Atividades de aprendizagem

Questões para reflexão

1. A morte é um tabu em muitos ambientes, até mesmo para os cristãos. Como dar sentido à morte à luz da esperança cristã? Como essa perspectiva pode melhorar a relação com a morte?

2. Você concorda com Kübler-Ross com relação aos estágios da morte? Identificar esses estágios ajuda a acompanhar melhor as pessoas em fase terminal?

Atividade aplicada: prática

1. Faça uma imersão no mundo dos pacientes que estão em fase terminal e se encontram em casa, acompanhando alguma pastoral social ou da esperança ou engajando-se nela. Anote as necessidades espirituais, emocionais e físicas detectadas e indique de que maneira o acompanhamento cristão solidário pode tornar essa experiência mais tranquila.

5
Problemas relacionados à vida

A vida é dom que exige responsabilidade, sendo as integridades física, psíquica e mental e espiritual uma dimensão essencial do respeito pela dignidade da pessoa. É válido ressaltarmos que o cuidado com a vida inclui cuidar da vida do outro, pois não somos seres isolados. Trata-se de uma tarefa responsável de promoção de saúde e bem-estar (estilo de vida), o que envolve a defesa contra as diversas violências a que a vida está sujeita.

Hoje existem vários questionamentos éticos relacionados à reciprocidade na promoção da vida, sendo um exemplo clássico a doação de órgãos. Nesse campo, também entram em questão situações críticas relacionadas a decisões favoráveis ou arriscadas relativas à vida. As diversas maneiras de exposição voluntária a riscos, por exemplo, são atos de irresponsabilidade e podem sobrelotar as instituições de saúde, levantando novos dilemas no campo da assistência. Por isso, a violência individual impacta negativamente o sistema de saúde.

Tendo isso em vista, neste capítulo, trataremos de temas relativos à responsabilidade pela própria vida, à relação médico-paciente na perspectiva de uma **aliança terapêutica**, à doação de órgãos, à toxicodependência e à integridade física em geral.

5.1 Cuidado com a própria vida como missão e responsabilidade

Paul Max Fritz Jahr (1895-1953), que delineou pela primeira vez o termo *bioética*, interpreta o quinto mandamento da lei de Deus com base no **dever de autopreservação**. De acordo com o autor, somos santuários de Deus, que é sagrado. A autopreservação implica um grande número de opções e de cuidados, como um estilo de vida que vise ao bem-estar físico, psíquico e espiritual e a não intervenção sobre a própria vida com o fim de acabar com ela.

Se, de um lado, a mentalidade contemporânea se ocupa excessivamente com o corpo, de outro, é preciso fazermos escolhas e agirmos de maneira que possamos nos manter saudáveis e longe de riscos desnecessários. Nesse sentido, a prática da fé cristã oferece uma excelente alternativa: "Nada ajuda tanto a enfrentar positivamente o conflito entre a morte e a vida, no qual estamos imersos, como a fé no Filho de Deus que Se fez homem e veio habitar entre os homens, 'para que tenham vida, e a tenham em abundância' (Jo 10,10)" (João Paulo II, 1995, n. 28, p. 24).

5.2 Relação médico-paciente

Um elemento importante da responsabilidade pela vida é a relação médico-paciente, que deve englobar todos os profissionais da saúde envolvidos no processo terapêutico e ser analisada sob o aspecto do comprometimento recíproco em favor da vida. A restrição do tempo e a linguagem demasiadamente técnica, muitas vezes, impedem a compreensão por parte do paciente, embora ela seja essencial para o comprometimento com os procedimentos exigidos, os quais, em vista da autonomia do paciente, devem ser consentidos e acordados com ele.

Em contrapartida, o profissional deve agir conforme sua consciência e suas convicções com relação ao tratamento proposto. Na falta de acordo, o paciente não só pode como deve buscar uma segunda opinião e, se for o caso, trocar de profissional. A comunicação também tem outra dimensão: a humanização pela escuta e a compreensão por parte do profissional, que deve amenizar tensões psicológicas e inseguranças.

5.2.1 Relação sujeito-sujeito

A qualidade de vida começa com o cultivo de boas relações. No âmbito da saúde, as boas relações entre profissional de saúde, paciente e familiares são fundamentais para o bom resultado do processo terapêutico. Para isso, há algumas questões de bioética referentes às relações interpessoais entre profissionais de saúde e pacientes. O exercício da autonomia do paciente transformou as relações no campo da saúde, fazendo com que a forma tradicional de tratamento, que se assemelha ao relacionamento sujeito-objeto, passasse a se caracterizar como sujeito-sujeito. No lugar do processo terapêutico, decidido unilateralmente pelo médico e por sua equipe, é preciso informar, esclarecer e dialogar para se concluir um processo médico-paciente (ou responsável legal), ou seja, processo sujeito-sujeito. Isso requer do médico abertura e habilidade para combinar o tratamento, assim como exige do paciente maior consciência de responsabilidade com relação aos percalços do caminho e aos resultados.

A autonomia do paciente implica também um campo de conflito que depende do conhecimento e da experiência do profissional de saúde (razão de ser da profissão). Ainda assim, devemos salientar que o profissional, dada sua posição no processo, pode argumentar ser impossível atender às exigências do paciente, caso reconheça que não pode assumir a responsabilidade pelos possíveis resultados. Se, de um lado, o médico precisa entender o paciente como sujeito do processo, do outro, o paciente tem de compreender que a última responsabilidade pelo processo terapêutico adotado recai sobre o médico, embora a responsabilidade nessas condições seja compartilhada – uma vez concordada e escolhida a terapia, ambos precisam cumprir sua parte com responsabilidade.

Nesse sentido, cabe ressaltar o uso correto dos medicamentos e a não interrupção do tratamento sem novo acordo com o médico. Na relação sujeito-sujeito, a prescrição médica passa a ser uma espécie de contrato; o médico prescreve, em concordância com o paciente, a terapêutica disponível pela qual assume responsabilidade, e este se compromete a seguir a prescrição. Como pode o médico ser responsável por um procedimento que não foi corretamente cumprido? O paciente, por sua vez, especialmente antes de intervenções clínicas complexas, pode buscar uma segunda opinião, sem que isso seja desconfortável ou considerado um ato de desconfiança, podendo ele voltar ao profissional anterior, sem prejuízos, ou trocar de profissional.

Em todas as questões de relacionamento médico-paciente, deve haver diálogo que inclua, sobretudo, o esclarecimento, pois autonomia sem esclarecimento é tornar-se escravo de si próprio. Sempre que se busca um profissional especialista – não só na área médica –, há uma discrepância natural entre conhecimento e experiência. O médico que deseja estabelecer boas relações com o paciente precisa considerar os traços e as condições particulares de cada pessoa, visto que, embora a patologia possa ser identificada e descrita de forma precisa, é a biografia do paciente que define, em grande parte, o itinerário terapêutico: "Os médicos reconhecem não haver enfermidade que se manifeste fora de um temperamento pessoal, de vivências e experiências já vividas, e mesmo que ela se apresente com fisionomia semelhante no conjunto, seus detalhes sempre mostram os aspectos singulares de cada ser humano biográfico" (Siqueira, 2014, p. 334).

O desconhecido (ou mal e erroneamente conhecido) e a habilidade ou a incapacidade de lidar com adversidades e experiências (negativas ou positivas) em processos terapêuticos anteriores podem impactar a visão do paciente, assim como sua noção de responsabilidade ao se submeter a novos tratamentos clínicos. Por isso, é necessário compreender a biografia do paciente e encontrar soluções personalizadas, afirmar experiências positivas e superar as negativas, a fim de contribuir para que os bons resultados sejam alcançados de forma eficaz.

5.2.2 Comunicação em situações críticas

Em todo o processo terapêutico, deve haver comunicação humanizada, pois o que é natural e corriqueiro para o profissional de saúde pode ser motivo de grande preocupação para os pacientes. O acesso à comunicação fácil e instantânea é uma grande conquista tecnológica, mas, ao mesmo tempo, oferece um amplo leque de desafios, já que os pacientes podem ter mais informações que o médico sobre determinados temas, entre as quais muitas podem ser inadequadas, quando não totalmente falsas. Por isso, além de saber comunicar-se com o paciente, é necessário que o médico tenha habilidade para corrigir informações errôneas.

Embora a relação médico-paciente inclua muitos desafios no campo da comunicação, na fase final da vida, ela é ainda mais complexa. Apesar de os profissionais da saúde nem sempre terem boas notícias, eles precisam saber comunicá-las, visto que não temos "o direito de tirar a esperança de ninguém, mas igualmente não podemos acrescentar ilusões. As práticas de mentir e enganar geralmente são desastrosas. Fazem mais mal do que bem" (Pessini, 2009a, p. 204). A franqueza com o paciente faz parte da ética médica. Por isso, o médico não pode:

> Art. 34. Deixar de informar ao paciente o diagnóstico, o prognóstico, os riscos e objetivos do tratamento, salvo quando a comunicação direta possa lhe provocar dano, devendo, nesse caso, fazer a comunicação a seu responsável legal. (CFM, 2010, p. 38)

Em situações muito difíceis, é preciso uma acentuada sensibilidade humana para compreender os desejos e as condições de percepção do paciente. O modo como ele encara a vida, seus sentimentos e seus conceitos, assim como seus contextos cultural e familiar, são fatores relevantes que podem auxiliar ou dificultar a comunicação sincera de uma má notícia em situações críticas. Para esses casos, o médico pode buscar auxílio da equipe multidisciplinar não para terceirizar a comunicação da notícia, mas para compreender melhor a situação do paciente e de seus familiares e acertar sua abordagem.

Em algumas situações, as pessoas que convivem com o paciente fazem uma espécie de pacto de silêncio; o paciente, no entanto, consegue perceber o avanço da doença e o clima à sua volta. Isso faz com que ele se sinta inseguro e enganado, o que pode levá-lo a também optar pelo silêncio sobre seus sentimentos e suas desconfianças, tornando o momento ainda mais delicado.

Outro aspecto relevante no contexto da comunicação de más notícias é o cuidado do paciente no período pós-comunicação. O silêncio e a apatia, por vezes, são erroneamente interpretados como uma aceitação tranquila da realidade, embora possam significar um estado de choque ou depressão. A responsabilidade nessa condição é de toda a equipe multidisciplinar e dos familiares, que devem proporcionar o cuidado humanizado com presença não invasiva, permitindo ao paciente que se manifeste quando e como desejar. Em qualquer condição, é preciso se mostrar compreensivo com as dúvidas e as angústias do paciente.

Quando o assunto é comunicação, geralmente se pensa em expressão verbal, mas a linguagem tem múltiplas manifestações, sendo que algumas delas adquirem relevância particular em situação de crise. Nesse contexto, há uma forte tendência de se comunicar por expressões corporais. A recepção ou a manifestação verbal ou não verbal também pode ser diferente de acordo com os estágios que o paciente terminal enfrenta.

5.3 Transplantes e doação de órgãos

A doação de órgãos e de tecidos humanos é voluntária e gratuita. Destacamos dois pontos relevantes com relação a ela: 1) a livre doação garantida pelo desejo expresso do doador; e 2) o cumprimento dos protocolos (internacionais) de certificação clínica da morte. Por parte do Magistério, não há muitos documentos, mas o suficiente para analisar os aspectos fundamentais: "merece particular apreço a doação de órgãos feita, segundo formas eticamente aceitáveis, para oferecer uma possibilidade de saúde e até de vida a doentes, por vezes já sem esperança" (João Paulo II, 1995, n. 86, p. 70). *Eticamente aceitável* implica aspectos como morte atestada segundo protocolos clínicos (internacionais), manifestação livre sem malefícios para o doador e justiça na definição do receptor. No entanto, existe ainda um risco social relevante fora do âmbito clínico: o tráfico de órgãos.

Segundo dados da Associação Brasileira de Transplante de Órgãos – ABTO (2016), o Brasil ocupa o segundo lugar em número de transplantes, embora em 2016 tenha havido um leve declínio. Sempre que se fala de transplantes, fala-se de doação de órgãos, que são as duas pontas de um mesmo processo: de um lado, o transplante e toda a estrutura humana e física necessária; de outro, o doador, que, além da estrutura própria, implica uma decisão pessoal livre e responsável.

No Brasil, o marco legal é a Lei n. 9.434, de 4 de fevereiro de 1997 (Brasil, 1997), que estabelece critérios relevantes para garantir a lisura do processo de doação de órgãos e de transplante e destaca direitos como a morte encefálica, a entrega do corpo recomposto para o sepultamento, a presença de familiar ou médico de confiança e a lista única. É uma lei avançada em alguns aspectos, porém, que apresenta pontos conflitantes com as leis vigentes sobre o respeito à dignidade da pessoa.

Após alterações realizadas por meio das Medidas Provisórias n. 1.718, de 6 de outubro de 1998, e n. 1.959, de 23 de novembro de 2000, a Lei n. 10.211, de 23 de março de 2001 (Brasil, 2001), consolidou os termos anteriores e revogou a validade das declarações no Registro Geral (RG) e na Carteira Nacional de Habilitação (CNH), assim como a doação presumida, sendo que, a partir de sua entrada em vigor, a doação passou a ser aceita apenas com a manifestação favorável da família. A doação presumida é incompatível com os direitos fundamentais da pessoa, a liberdade, a autonomia e o contexto sociocultural:

> A lei que estabelecia a doação presumida curvou-se diante da realidade cultural, moral e social na qual os princípios da liberdade e autonomia de decidir sobre o próprio corpo prevalecem. Não podemos esquecer que a vida humana não é uma propriedade a

ser privatizada por decreto, mas um dom a ser partilhado na liberdade e na solidariedade. (Pessini, 2009a, p. 146)

O futuro doador deve expressar previamente sua vontade de doar seus órgãos. Isso elimina qualquer dúvida e facilita a decisão da família, cuja autorização para doação é um pressuposto legal para a efetivação do processo por parte da equipe de captação de órgãos. A doação é um ato altruísta, sem compensações, que tem um sentido profundo no âmbito dos valores humanos e da fé.

Quando se trata de doações *post mortem*, a efetivação ocorre em um clima de dor e sofrimento, que pode ser amenizado pela boa preparação para a fase final da vida, o que não significa esperar a idade avançada. Quando esses assuntos se tornarem parte do cotidiano, será possível tornar essa ação mais branda quando efetivada.

Um grande desafio legal e ético diz respeito à questão da compra e da venda de órgãos e ao tráfico de pessoas em razão da doação ilegal de órgãos. A Lei n. 9.434/1997 declara esse ato como crime e pune todos os envolvidos no processo, tanto vendedores quanto receptadores. Organizações internacionais, particularmente a Associação Médica Mundial (OMS) e a Sociedade Internacional de Transplantes, posicionam-se de maneira contrária a qualquer tipo de comércio ou incentivo financeiro para o doador ou seu familiar. Entretanto, leis locais não são suficientes para deter essa prática, tendo em vista o alto índice de corrupção e de infração em questões relacionadas à vida e as facilidades criadas na área de mobilidade, que permitem que pessoas ou grupos internacionais, de forma ilegal, aliciem e efetivem o tráfico humano.

As pessoas mais vulneráveis a se tornarem vítimas do tráfico são aquelas com carências socioeconômicas, pois as condições precárias também impactam sobre a formação do indivíduo, visto que as promessas geralmente são deslumbrantes em uma sociedade de intensas apelações consumistas. De tudo isso, pode-se concluir que o "corpo humano não pode ser transformado numa mera mercadoria. Não podemos esquecer que, na perspectiva cristã, a doação de órgãos é a mais sublime forma de amor pela vida do irmão. E amor não se comercializa" (Pessini, 2009a, p. 148).

5.3.1 Doação de órgãos à luz da fé cristã

A doação é um ato de gratuidade, é doação de vida. Sob o olhar cristão, é um ato de amor ao próximo por meio da doação de si mesmo: "De fato, existe uma responsabilidade do amor e da caridade que compromete a fazer da própria vida uma doação aos outros, se quisermos verdadeiramente realizar-nos a nós próprios" (Bento XVI, 2008). É, portanto, uma atitude de seguimento de Cristo, que pede a doação da própria vida. Estamos aqui no plano natural da vida, que, na visão da unitotalidade da pessoa, tem um sentido pleno para o Reino de Deus: "A doação de órgãos é uma forma peculiar de testemunho da caridade" (Bento XVI, 2008). A gratuidade, exigência da lei do Reino e também uma questão legal, é uma contraposição ao egoísmo e à cultura de morte reinante na sociedade: "Numa época como a nossa, com frequência marcada por diversas formas de egoísmo, torna-se cada vez mais urgente compreender quanto é determinante para uma correta concepção da vida entrar na lógica da gratuidade" (Bento XVI, 2008).

Para o doador de órgãos, essa ação é um gesto solidário e, para quem recebe, é um sinal de esperança:

> A história da medicina mostra com evidência os grandes progressos que se puderam realizar para permitir uma vida cada vez mais digna a cada pessoa que sofre. Os transplantes de tecidos e de órgãos representam uma grande conquista da ciência médica e certamente são um sinal de esperança para tantas pessoas que se encontram em graves, e por vezes extremas, situações clínicas. (Bento XVI, 2008)

A possibilidade de salvar vidas pela doação de órgãos também é resultado dos avanços biotecnológicos. Trata-se de uma realidade nova, que tem aprovação do Magistério nos contornos de procedimentos fundados em critérios éticos e morais. O que ensina a Igreja Católica? Que a "doação de órgãos após a morte é um ato nobre e meritório e merece ser encorajado como manifestação de generosa solidariedade" (CIC, 1999, p. 597). Porém, existe também a preocupação de que esse ato tenha as garantias de não causar danos ao doador, o que se aplica a todas as formas de doação: intervivos e *post mortem*. Por isso, o "**transplante de órgãos** é conforme à lei moral se os riscos e os danos físicos e psíquicos a que se expõe o doador são proporcionais ao bem que se busca para o destinatário" (CIC, 1999, p. 597, grifo do original). Há riscos inerentes a todas as intervenções clínicas, então, é preciso ponderar a proporcionalidade entre os riscos e o resultado a ser alcançado. Grande parte desses riscos é amenizada com o avanço de novas tecnologias, medicamentos e procedimentos adequados: "O transplante de órgãos não é moralmente aceitável se o doador ou seus representantes legais não tiverem dado seu expresso consentimento para tal" (CIC, 1999, p. 597-598).

A vontade do doador é soberana: ele tem o direito primordial de decidir sobre a doação ou não e, até mesmo, de desistir. O encorajamento sugerido no Catecismo da Igreja Católica (CIC) pode contribuir, pois facilita o diálogo aberto no ambiente familiar a respeito do desejo da doação e dos critérios éticos aceitáveis. Para que o consentimento do doador seja efetivamente esclarecido, é preciso "que a pessoa humana seja adequadamente informada sobre os processos nele implicados, a fim de exprimir de modo consciente e livre o seu consentimento ou a sua recusa" (João Paulo II, 2000, n. 3). A doação não pode oferecer riscos para o doador. Cabe aos familiares ou aos responsáveis legais acompanhar o processo e reivindicar o cumprimento dos protocolos, os quais devem ser aceitos pela comunidade médica internacional. "É moralmente inadmissível provocar diretamente mutilação que venha a tornar alguém inválido ou provocar diretamente a morte, mesmo que seja para retardar a morte de outras pessoas" (CIC, 1999, p. 598).

A doação deve garantir a integridade física do doador. Por isso, entre vivos, só pode ser realizada em situações que não alterem a funcionalidade do organismo do doador ou em que haja recomposição natural do órgão; caso contrário, poder-se-ia impor limitações e até mesmo risco de vida: "**Os órgãos vitais individualmente só podem ser removidos após a morte**" (João Paulo II, 2000, n. 4, grifo do original).

Cabe ressaltarmos que a regulamentação da doação de órgãos no Brasil inclui o tratamento do corpo após a retirada dos órgãos. A recomposição do corpo é relevante, pois, na visão da unitotalidade da pessoa, se confere ao corpo o valor que lhe é devido como portador de identidade da pessoa – recomposto, o corpo é entregue para o velório e para os ritos fúnebres prescritos pela liturgia.

> A "doação de órgãos após a morte é um ato nobre e meritório e merece ser encorajado como manifestação de generosa solidariedade" (CIC, 1999, p. 597).

Os pontos citados se referem a diferentes aspectos da doação; no entanto, há um ponto crucial que impacta a decisão de doar órgãos, bem como os protocolos e os riscos que envolvem o processo quando estes não são definidos com precisão ou seguidos de forma coerente: trata-se da certificação da morte. Há estágios que antecipam a morte, porém, a morte propriamente dita é fato consumado, e não um processo em curso. A extração de órgãos sem a certificação adequada e objetiva da morte, que pode ser uma tentação quando há carência de órgãos, é considerada eutanásia:

> É oportuno recordar que a **morte da pessoa** é um evento único, que consiste na total desintegração do complexo unitário e integrado que a pessoa é em si mesma, como consequência da separação do princípio vital, ou da alma, da realidade corporal da pessoa.

> A morte da pessoa, entendida neste sentido original, é um evento que não pode ser diretamente identificado por **qualquer técnica científica ou método empírico**. (João Paulo II, 2000, n. 4, grifo do original)

Para o Magistério, é relevante a certificação do momento exato da morte com instrumentos científicos seguros. Os sinais biológicos da morte, constatados clinicamente, também contam com o suporte de tecnologias que tornam a certificação mais precisa e segura. Conforme ressalta o Papa João Paulo II (2000, n. 5): "a Igreja não toma decisões técnicas, mas limita-se a exercer a responsabilidade evangélica de confrontar os dados oferecidos pela ciência médica com uma concepção cristã da unidade da pessoa". É preciso dialogar com as ciências e confrontar os critérios tradicionais com os novos para assegurar o respeito à dignidade da vida.

O que se espera da ciência é que ela ofereça os melhores e mais seguros métodos para atestar a perda da integração do organismo, ou seja, a certificação segura da morte. Para dar mais consistência e credibilidade, no caso da morte encefálica, requer-se o uso de métodos "compartilhados pela comunidade científica internacional, da **cessação** total e irreversível de qualquer atividade encefálica (cérebro, cerebelo e tronco encefálico), como sinal da perda da capacidade de integração do organismo individual como tal" (João Paulo, 2000, n. 5, grifo do original). Aqui, vale lembrarmos que os protocolos adotados pelo Conselho Federal de Medicina (CFM), que contam com suporte legal, preveem a adoção de métodos múltiplos, constatação clínica de sinais vitais e exames específicos para verificar a cessação irreversível da atividade encefálica em horários distintos e por profissionais de saúde que não façam parte da equipe do transplante em questão.

Em qualquer lugar do mundo, o cristão é o cidadão consciente que, quando opta pela doação de órgãos, também deixa explícita a exigência do cumprimento dos protocolos para garantir que o processo ocorra dentro dos limites éticos. A responsabilidade da família ou do representante legal é acompanhar os procedimentos e garantir a seriedade do processo. Os transplantes e a doação de órgãos compõem um dos temas mais complexos no campo da saúde, que se expande por toda a sociedade. Por isso, além da responsabilidade ética das equipes de saúde envolvidas no processo, é preciso uma sensibilização ampla da sociedade para "evitar preconceitos e incompreensões, afastar desconfianças e receios para os substituir com certezas e garantias a fim de permitir o incremento em todos de uma consciência cada vez mais difundida do grande dom da vida" (Bento XVI, 2008).

5.4 Dependência química

Quando o assunto é drogas, especialmente as ilícitas, falamos de uma problemática mundial de autodestruição, um aspecto considerável da cultura de morte reinante na sociedade. A tentativa de liberar essas drogas gera muitas controvérsias, pois a situação oscila entre a violência gerada pelo tráfico, que inclui crianças e adolescentes, e o mal à pessoa e à comunidade: "O uso da droga causa gravíssimos danos à saúde e à vida humana. Na América Latina, a Igreja investe em centros de apoio, pois reconhece que 'deve promover luta frontal contra o consumo e tráfico de drogas, insistindo no valor da ação preventiva e reeducativa'" (Celam, 2008, n. 423). A prevenção e a reeducação são essenciais nesse processo.

5.4.1 Toxicodependência, alcoolismo e tabagismo

O termo *droga*, na verdade, é muito genérico. Seguimos a delimitação do conceito adotado por Sgreccia (1997, p. 151), mas sem esmiuçá-lo nesta obra: "Por 'droga' entendemos aquelas substâncias que geram toxicomania, ou seja, intoxicação e hábito e/ou dependência e que, por seus efeitos sobre a psique e sobre o comportamento, são nocivas ao indivíduo e à sociedade". As drogas são, por princípio, condenáveis, mas é preciso analisarmos cada caso, pois os motivos que levam uma pessoa a se tornar dependente química são diversos. Entre eles estão carência de livre vontade, pressão externa, núcleos familiar e social desestruturados, múltiplas carências afetivas e financeiras e busca de subterfúgio para problemas psicológicos.

O mundo das drogas é um universo paralelo, quase sempre regido pelo crime. Trata-se de um problema tanto de segurança pública quanto de saúde pública, que "implica diversas disciplinas de estudo e campos de pesquisa: certamente a farmacologia, as especialidade clínicas, em particular a psiquiatria, mas também as ciências sociológicas, políticas e econômicas" (Sgreccia, 1997, p. 150).

Geralmente, o começo da drogadição acontece com substâncias classificadas como leves, que provocam alterações como confusão verbal, ânsia e medo. Nessa fase, ainda não há uma dependência física. Posteriormente, a necessidade do usuário de aderir a drogas mais eficazes se combina ao desejo dos intermediários de vender drogas mais pesadas, cujo objetivo é obter lucros cada vez maiores. Esse já é um estágio mais complexo do problema, pois as drogas pesadas "podem provocar a morte repentina por *overdose* e progressivamente levam o sujeito a uma grave degradação do ponto de vista físico como do psíquico, num lento suicídio: um suicídio que se dá primeiro psicológica e depois fisicamente" (Sgreccia, 1997, p. 155).

Os problemas de saúde psíquica e física pelo consumo de drogas já são uma epidemia mundial. As grandes rotas do tráfico – como a rota de ouro, que produz drogas na Tailândia e as exporta via Hong Kong para a Europa e a América do Norte, e a do triângulo da América do Sul, que as produz na Colômbia, no Peru e na Bolívia e as exporta via México e Caribe para o norte da África[1] – permitem acesso amplo a tais subtâncias. O preço final elevado transforma o tráfico de drogas em uma rede comercial altamente lucrativa e, em alguns países em desenvolvimento, os ganhos com a venda ilegal de drogas concorrem com os lucros obtidos com os principais itens de exportação.

O problema do tráfico não se encerra com os efeitos da droga para o dependente: ele implica uma série de graves problemas globais relacionados à criminalidade. Não podemos tratar, no entanto, esse problema como algo completamente clandestino, dada a sua visibilidade – se não pelo sistema em si, então por seus efeitos nocivos à pessoa, à família, ao núcleo social e a toda a sociedade.

No campo das dependências, o tabagismo e o alcoolismo também são um problema de grandes proporções. Bebidas alcoólicas e cigarros são drogas lícitas, porém têm a venda controlada em função de sua ação viciante. O tratamento diferenciado dado a essas drogas é discutível, especialmente quando se trata do tabaco.

Como muitas outras instâncias da sociedade, a Igreja Católica pondera que a "virtude da temperança manda **evitar toda espécie de excesso,** o abuso da comida, do álcool, do fumo e dos medicamentos" (CIC, 1999, p. 596, grifo do original). Uma vez liberadas, embora sob controle, são reconhecidamente um problema de autocontrole. Essa é uma questão muito difícil, quando não impossível, para quem é

---

[1] Essas rotas sofrem contínuas mudanças e readequações em vista das facilidades e do controle por parte das autoridades, com capacidade de expansão do "negócio".

dependente e está exposto continuamente a convites apelativos para se entregar ao vício, apesar de os efeitos nocivos serem conhecidos: "O fumo, dentre outros males, aumenta consideravelmente os riscos de câncer e de doenças cardiovasculares, além de provocar efeitos danosos crescentes nas crianças expostas a ambientes poluídos pela fumaça do cigarro" (Pessini, 2009a, p. 105).

No caso do álcool, os efeitos vão além dos malefícios pessoais, visto que essa droga também coloca em risco a vida de outras pessoas. A dependência não diminui objetivamente a gravidade das consequências do alcoolismo, especialmente quando atinge terceiros, como em acidentes automobilísticos ocasionados por embriaguez. Nesses casos, o CIC (1999) pondera que quem coloca em risco a segurança alheia devido ao uso inconsequente do álcool é gravemente culpado pelas consequências de sua irresponsabilidade. Ainda assim, sensibilização e ajuda são fundamentais para que o problema seja superado e não somente punido.

5.4.2 Espaços de cuidado e de superação

No Brasil, a Lei n. 11.343, de 23 de agosto de 2006 (Brasil, 2006), instituiu o Sistema Nacional de Políticas Públicas sobre Drogas (Sisnad), que determina a prevenção, a reinserção social e normas de repressão. Esse sistema atribui um tratamento diferenciado ao portador de pequenas quantidades de drogas para uso pessoal em relação àquele que está envolvido na produção de grandes quantidades e no tráfico. Ao passo que os primeiros estão sujeitos a medidas socioeducativas, como advertência, prestação de serviços ou participação em programas educativos, para os segundos há previsão de penas de acordo com a gravidade de cada caso. Uma das modalidades de cuidado é o Centro de Atenção Psicossocial (Caps), aberto à comunidade e com atendimento realizado por equipes multi e transdisciplinares. O desafio é conciliar a oferta com as demandas para possibilitar acesso a todos os que procuram esses centros.

Apenas para citar alguns caminhos de superação, existem grupos de apoio parceiros de diversas instituições, especialmente de igrejas, com foco mais expandido e conhecido no alcoolismo (AAA). São grupos de compartilhamento de experiências tanto para dependentes quanto para seus familiares, cujo fim é promover a superação pelo fortalecimento recíproco.

Discernir os elementos que identificam a dependência pode levar um longo tempo, o que pode agravar as condições dos dependentes, de modo que só com a ajuda dos outros eles poderão sair dessa condição. Nem sempre é preciso um tratamento clínico medicamentoso – o qual requer o encaminhamento para um profissional de saúde –, mas o apoio é sempre essencial.

Nesse panorama, qual é o papel da Igreja diante de um desafio de tamanha envergadura? De forma objetiva, a Igreja considera o consumo de drogas uma falta grave, assim como sua produção e o tráfico, que colaboram com a expansão desses produtos nocivos à saúde. Porém, a missão da Igreja não deve ser de condenação, mas de misericórdia, no sentido de acolher as pessoas envolvidas e ajudá-las a superar o problema. Como voz profética no deserto, a Igreja deve denunciar todas as formas de apelação, produção e tráfico de drogas. Por isso, a instituição reconhece que "não pode permanecer indiferente diante desse flagelo que está destruindo a humanidade, especialmente as novas gerações. Sua tarefa se dirige em três direções: prevenção, acompanhamento e apoio das políticas governamentais para reprimir essa pandemia" (Celam, 2008, p. 188).

É preciso conhecimento apurado da problemática para discernir cada parte do sistema. A pessoa que, por diversos motivos da esfera pessoal ou socioeconômica, tornou-se usuária de drogas necessita de acolhida e de cuidado: "No acompanhamento, a Igreja está ao lado do dependente para ajudá-lo a recuperar sua dignidade e vencer essa enfermidade" (Celam, 2008, p. 189). Contudo, o engajamento pela recuperação do usuário não esgota a missão da Igreja: sua voz profética pode fazer a diferença no tocante a um futuro melhor para os vulneráveis. As apelações são muitas e tocam profundamente os pontos sensíveis da pessoa com algum tipo de carência, que está especialmente vulnerável.

> As novas formas de escravidão da droga e o desespero em que caem tantas pessoas têm uma explicação não só sociológica e psicológica, mas também essencialmente espiritual. O vazio em que a alma se sente abandonada, embora no meio de tantas terapias para o corpo e para o psíquico, gera sofrimento. **Não há desenvolvimento pleno nem bem comum universal sem o bem espiritual e moral das pessoas**, consideradas na sua totalidade corpo e alma. (Bento XVI, 2009, p. 137, grifo do original)

A Igreja da América Latina está comprometida com o combate às drogas, principalmente no que diz respeito à denúncia de narcotraficantes e à erradicação das drogas (Celam, 2008).

5.5 Integridade física e atentados contra a vida

A violência contra si próprio e o semelhante, especialmente quando resulta em morte, é um mal em si mesmo. No entanto, é preciso considerar algumas situações peculiares, como a autodefesa, no caso de assassinato, e as patologias mentais ou o total abandono, no caso de suicídio. O mesmo vale quando se expõe a vida a riscos; se a situação exigir uma intervenção de risco para salvar outro, haverá outra conotação além da exposição voluntária sem necessidade. De acordo com o CIC (1999, p. 591), o "assassino e os que cooperam voluntariamente com o assassinato cometem um pecado que clama ao céu por vingança".

5.5.1 Cuidado com a própria vida

Estar consciente das próprias capacidades e fragilidades é o primeiro passo para o cuidado consigo mesmo. Cuidar da própria vida pode ser analisado sob dois aspectos: 1) o da responsabilidade ética com relação à dádiva da vida; e 2) o do cuidado com a própria vida para poder cuidar do outro – trata-se da expressão do amor ao próximo fundamentada no amor próprio.

Cuidar-se requer sensibilidade com relação ao entendimento cristão de *pessoa integral*. Embora seja necessário um cuidado exterior razoável como forma de promoção do bem-estar e de valorização adequada do corpo, o mais importante, em última análise, é o *ethos* (casa) interior, a raiz mais profunda da experiência de sentido da vida:

> Se a moral apela para o respeito à vida corporal, não faz desta um valor absoluto, insurgindo-se contra uma concepção neopagã que tende a promover o **culto do corpo**, a tudo sacrificar-lhe, a idolatrar a perfeição física e o êxito esportivo. Em razão da escolha seletiva que faz entre os fortes e os fracos, tal concepção pode conduzir à perversão das relações humanas. (CIC, 1999, p. 596, grifo do original)

Em uma sociedade com múltiplas e intensas apelações para a idolatria das aparências, o maior desafio é encontrar o equilíbrio entre o cuidado exterior e o interior. Quem cuida da própria vida confere a ela um modo próprio de estar no mundo, ou seja, adota um estilo de vida coerente.

A qualidade de vida, apesar de não se sobrepor à própria vida, é essencial à promoção da saúde em todas as dimensões – o que inclui, se necessário, o tratamento terapêutico de possíveis doenças. Um exemplo de problema de qualidade de vida que contribui para o avanço de doenças físicas e psíquicas é o sedentarismo: "Na maioria das regiões do mundo, as doenças não transmissíveis converteram-se numa importante epidemia, o que se deve, em parte, à rápida transição de estilos de vida, que conduziram à redução de exercício físico, a mudanças e regime alimentar e a consumir mais fumo" (Pessini, 2009a, p. 100). Nesse sentido, podemos destacar os benefícios da atividade física para a saúde em sentido amplo: não se trata tão somente de saúde física, mas de outras dimensões da vida que são beneficiadas, tanto individual quanto coletivamente:

> A atividade física traz inúmeras vantagens à saúde, reduz os índices de violência entre os jovens e favorece estilos de vida em que, dificilmente, estão presentes o tabagismo e o consumo de drogas ilícitas. Além disso, entre pessoas de idade mais avançada, diminui a sensação de isolamento e de solidão, melhorando, até sua agilidade física e mental. (Pessini, 2009a, p. 100)

Nesse contexto, podemos destacar o evento Agita X[2], que ocorre no Dia Mundial da Saúde (5 de abril), cujo objetivo é conscientizar cidadãos sobre a importância de integrar a atividade física no estilo de vida como forma de cuidado e de responsabilidade sobre o próprio bem-estar físico e mental. É um caso típico em que a coletividade contribui para mudanças de hábitos particulares.

O cuidado com a própria vida inclui a responsabilidade de preservação diante dos riscos a que a pessoa pode se expor voluntariamente, além do cuidado referente a procedimentos prescritos para lidar de forma adequada com situações de risco inerentes à vida cotidiana.

Algumas atitudes não são coerentes com a responsabilidade ética sobre a própria vida, especialmente à luz da fé, segundo a qual se entende a vida como dom divino. Entre outros comportamentos, vale lembrar que não se deve:

- submeter-se à formação de esportistas de alto rendimento com uso de drogas ilícitas ou de excessivo empenho físico, de modo a extrapolar os limites físicos e prejudicar o próprio corpo;

---

2 Nesse caso, o X substitui o nome da cidade, visto que o nome do evento varia de acordo com a cidade (por exemplo, Agita Curitiba e Agita São Paulo).

- expor-se a riscos desnecessários ao participar de jogos e de esportes perigosos;
- dirigir perigosamente e ignorar orientações e leis de segurança em vias públicas, colocando a própria vida e a de outros em risco;
- automedicar-se, fazer uso inadequado de medicação prescrita ou interromper tratamento, pois essas atitudes impactam negativamente a saúde e, em casos extremos, podem levar à morte.

Apesar de a destruição da vida por meio de uma espécie de suicídio lento já ter sido abordada no contexto das toxicodependências, vale voltarmos a esse assunto. O suicídio supera as mortes em guerras: a cada 40 segundos acontece um suicídio no mundo, sendo essa "a segunda principal causa de morte entre jovens com idade entre 15 e 29 anos" (ONUBR, 2016). Porém, o silêncio que o envolve não permite uma percepção da gravidade do problema.

Embora haja defensores do suicídio legalizado para a solução de questões sociais, da parte de organizações internacionais existem iniciativas para dar mais visibilidade e sensibilizar a sociedade sobre o problema. O dia 10 de setembro foi estabelecido como Dia Mundial de Prevenção ao Suicídio pela Associação Internacional de Prevenção de Suicídio e pela Organização Mundial de Saúde (ONU):

> O suicídio não é algo inevitável. Ele pode ser prevenido de muitas formas, já que se relaciona a uma complexa interação de fatores causais, incluindo, entre outros, doença mental, pobreza, dependência química, isolamento social, perdas, dificuldades e quebras de relacionamento, problemas econômicos e conflito no trabalho. (Pessini, 2009a, p. 200)

Na iminência de suicídio, a pessoa precisa de cuidados profissionais para a avaliação dos riscos e o encaminhamento para tratamentos. No entanto, a forma mais efetiva de evitar o suicídio é a prevenção, que começa na família e no núcleo social pela observação atenta de comportamentos e de manifestações verbais.

Além das situações citadas, quando se fala de prevenção, é preciso fazer uma análise do histórico familiar, que é uma forma de se identificarem predisposições suicidas.

Em muitos ambientes, as crenças com relação ao suicídio impedem que o tema seja tratado de forma aberta e que as pessoas tenham a liberdade de se expressar a respeito do assunto sem se sentirem julgadas por isso.

No Leste Europeu, concentram-se os índices mais altos de suicídio e, na América Latina, os mais baixos – há mais suicídios entre homens do que entre mulheres. Analisando as atuais condições com projeção para os próximos anos, estima-se que, em 2020, os suicídios possam chegar a 1,5 milhão de vítimas (Pessini, 2009a).

Essa condição específica com relação à vida é um importante desafio para as igrejas, pois é nesse ambiente que se pode lançar uma nova luz sobre as condições que favorecem o suicídio. O sentido da vida fortalece a pessoa para vencer com mais propriedade os problemas do cotidiano e as situações críticas temporárias, assim como a prepara para lidar melhor com as inter-relações familiares, sociais e profissionais. Muitas vezes, nesses ambientes, acontecem conflitos que, quando não superados, podem favorecer ideias suicidas. Porém, no campo da pastoral do cuidado, não se pode tratar a questão como uma mera condição subjetiva, cabendo a ela fazer os encaminhamentos necessários para profissionais da saúde da área.

Objetivamente, a Igreja ensina que o suicídio "contradiz a inclinação natural do ser humano a conservar e perpetuar a própria vida" (CIC, 1999, p. 594), assim como orienta para que se acolha e se contextualize cada caso para prestar a melhor ajuda possível sem condenar. Desde o tempo em que não se permitia o enterro do suicida em cemitérios da comunidade até uma postura de profundo respeito pela pessoa, superando esse atendimento diferenciado, a Igreja fez um grande caminho de volta às origens de sua própria missão. A Igreja julgadora e condenadora transformou-se em Igreja acolhedora e misericordiosa, seguindo, assim, os verdadeiros ensinamentos do Evangelho.

Essa mudança de atitude pode efetivamente ajudar família e amigos, que, muitas vezes, ainda sob o impacto da antiga tradição, desesperam-se diante da incerteza da Salvação de seu ente querido. É um grande desafio para as pastorais de ajuda superar em suas comunidades esse paradigma. Por isso, a pastoral deve agir com a ajuda de profissionais da saúde mental, criando espaços de prevenção para que o suicídio diminua na sociedade.

5.5.2 Aspectos individuais e coletivos da violência em atentados contra a vida

A segurança é dever do Estado com participação do cidadão, conforme assegura a Constituição Brasileira (Brasil, 1988) nos diversos artigos relacionados ao tema. Comportamentos violentos têm causas e motivos diversos, como falta de limites e de respeito, intolerância, não desenvolvimento da capacidade de resolver problemas, estresse extremo e até questões patológicas psíquicas e físicas.

O consumo, a comercialização e o tráfico de drogas constituem outro gerador de múltiplas violências, que contempla desde o desrespeito à integridade física da pessoa até o extermínio de pessoas ou grupos. Outros espaços propícios ao extermínio de vidas humanas são aqueles que sofrem com o terrorismo, as guerras, os conflitos de terra e as convulsões sociais. A incitação e a participação de grupos violentos são convidativas e podem potencializar a violência. Todas as formas de homicídio são faltas graves. Inclui-se aqui também o abandono de pessoas em condições de extrema pobreza que morrem por razões de **injustiça escandalosa**. Nesse campo da violência, a exceção é o direito de autodefesa.

A violência doméstica também cresceu drasticamente nas últimas décadas, contemplando até mesmo casos de homicídio: maridos que matam esposas, filhos que matam pais, pais e padrastos que matam filhos etc. Nesses casos de violência dentro da própria família está um dos tipos de crime mais cruéis: o assassinato ou os maus-tratos a crianças, muitas vezes motivados por "vingança passional" do pai ou do padrasto – no último caso, às vezes, com consentimento ou participação, nem sempre voluntária, da mãe.

Outro modo de violência tipificado em 2015 foi o feminicídio[3], que passou a ser considerado crime pela Lei n. 13.104, de 9 de março de 2015 (Brasil, 2015), também conhecida como *Lei do Feminicídio*. Segundo a Organização Mundial da Saúde (OMS), o Brasil ocupa o quinto lugar no *ranking* desse tipo de homicídio (ONUBR, 2016).

Há também a violência contra crianças e adolescentes na internet, tendo em vista que as novas tecnologias permitem que estranhos adentrem virtualmente até os ambientes frequentados por públicos mais vulneráveis. Os estragos vão desde a violência psicológica até a violência física em decorrência de tarefas impostas por jogos, dos quais os jovens ou as crianças participam por imaturidade. Ademais, nessa idade, muitas vezes eles se encontram sozinhos em virtude dos afazeres dos pais ou dos responsáveis. Vale lembrar que a violência das ruas torna essa condição ainda mais grave, uma vez que se transferiram os espaços de lazer da criança inteiramente para dentro de casa. A falsa impressão de que os pequenos estão mais protegidos em casa pode contribuir para a falta de atenção nesse sentido.

No entanto, devemos ressaltar que os adultos também estão sujeitos a riscos virtuais e podem ser enganados com mais meios sofisticados, difíceis de serem identificados, e sofrer violência física e psicológica tanto pela exposição de sua privacidade por terceiros quanto pela divulgação de mentiras nas redes sobre alguma ação hipotética que indigne a sociedade.

---

3 Homicídio com motivação de gênero.

Sob a ótica da fé cristã, a integridade física e psíquica é uma dimensão fundamental da dignidade humana e, por isso, é um tema sempre presente na promoção da cultura da vida. Os riscos à integridade física e psíquica são múltiplos tanto com relação aos métodos quanto aos atores.

Preste atenção!

O CIC (1999), na seção sobre os mandamentos, inclui a dimensão da cultura da morte referente ao quinto mandamento. Primeiramente, trata dos atores da sociedade: "Os sequestros e a **tomada de reféns** fazem reinar o terror e, pela ameaça, exercem pressões intoleráveis sobre as vítimas. São moralmente ilegítimos. O **terrorismo** ameaça, fere e mata sem discriminação; isso é gravemente contrário à justiça e à caridade" (CIC, 1999, p. 598, grifo do original).

Outros tipos de violência têm como autor o Estado autoritário e acontecem na esfera pública: "A **tortura**, que usa de violência física ou moral para arrancar confissões, castigar culpados, amedrontar opositores, satisfazer o ódio, é contrária ao respeito pela pessoa e pela dignidade humana" (CIC, 1999, p. 598, grifo do original).

A violência sobre o corpo da pessoa pode acontecer na esfera médica, sob força de um poder externo ou em condições impróprias como parte de costumes de alguns grupos: "Fora das indicações médicas de ordem estritamente terapêutica, as **amputações, mutilações** de **esterilizações** diretamente voluntárias de pessoas inocentes são contrárias à lei moral" (CIC, 1999, p. 598). Uma situação conhecida mundialmente é a mutilação genital feminina (MGF) na África, na Ásia e no Oriente Médio, que encontra forte oposição em toda a comunidade internacional.

A violência por parte do Estado fazia parte das prescrições do direito romano para manter a lei e a ordem, mas felizmente, nos últimos séculos, foi sendo condenada com maior veemência tanto pela Igreja quanto pela sociedade. A violência é degradante e não alcança o objetivo da ordem e da paz.

Síntese

Neste capítulo, evidenciamos que cuidar da própria vida é um dom e um compromisso diante da existência. Esse tema foi tratado em 1934 por Fritz Jahr em uma reflexão sobre o quinto mandamento. A **autopreservação** é, para Jahr, um aspecto importante da responsabilidade pela própria vida.

Na sequência, tratamos do problema do consumo de drogas lícitas e ilícitas e dos atentados diretos contra a vida (homicídio e suicídio), a fim de demonstrar como cada uma dessas esferas ocasiona consequências perniciosas tanto para a pessoa quanto para a sociedade, pois, entre outros aspectos, oneram os serviços públicos de saúde e influenciam negativamente o círculo social mais próximo (Jahr, 2013). Por outro lado, indicamos como o estilo de vida adequado pode potencializar o bem-estar e como a doação de órgãos é, à luz da fé cristã, uma demonstração de altruísmo e de cuidado com o próximo. Ser responsável pela própria vida é expressão de autonomia e de protagonismo próprio.

O respeito pela integridade física e psíquica é um dos maiores desafios em nível global, tendo em vista que, conforme salientamos, nosso cotidiano está repleto de casos de violência. As reações devem ultrapassar a repressão e a punição – a sociedade carece de políticas públicas de educação e de efetiva mudança de paradigma no campo da violência.

Indicações culturais

Documento eclesial

JOÃO PAULO II. **Discurso do Santo Padre João Paulo II aos participantes no XVIII Congresso Internacional sobre os Transplantes**. 29 ago. 2000. Disponível em: <https://w2.vatican.va/content/john-paul-ii/pt/speeches/2000/jul-sep/documents/hf_jp-ii_spe_20000829_transplants.html>. Acesso em: 30 mar. 2018.

Trata-se de um discurso de referência na questão dos transplantes e da doação de órgãos. A questão se tornou mais complexa, o que levou a uma vasta produção sobre o tema; porém, essas ainda são as palavras mais contundentes de que se dispõe até o momento. Duas colunas sustentam a mensagem: de um lado, a doação é um ato de solidariedade a ser encorajado; de outro, há critérios éticos a serem observados com o máximo rigor. O princípio fundamental dessa questão é: doar vida sem prejuízo ao doador e ao receptor.

Filme

UM GOLPE do destino. Direção: Randa Haines. EUA: Buena Vista Pictures, 1991. 122 min.

Jack MacKee é um cirurgião de sucesso, embora seja emocionalmente distante de seus pacientes e seus familiares. Quando desenvolve um tumor maligno e começa a ver a vida e os cuidados hospitalares na perspectiva do paciente, ele percebe que há muita coisa a ser mudada no atendimento: estruturas, regras e a relação médico-paciente. A imersão na realidade do paciente fornece ao médico uma visão mais humanizada dessa relação.

Atividades de autoavaliação

1. Analise as proposições a seguir e marque V para as alternativas verdadeiras e F para as falsas:
   ( ) A relação médico-paciente é uma relação sujeito-sujeito.
   ( ) O médico tem o direito de definir sozinho as terapias a serem acatadas pelo paciente.
   ( ) O paciente tem o direito de ser informado sobre sua condição e as possibilidades de tratamento.
   ( ) O dever de comunicar com clareza e sinceridade sobre o estado do paciente está previsto no Código Brasileiro de Ética Médica (1988).

   Assinale a alternativa que corresponde à sequência correta:
   a) V, F, V, V.
   b) F, V, V, F.
   c) V, F, F, V.
   d) V, V, V, F.

2. Tendo em vista os critérios éticos que envolvem a doação de órgãos e os transplantes, marque V para as alternativas verdadeiras e F para as falsas:
   ( ) Segundo o Catecismo da Igreja Católica (CIC), a doação de órgãos é um ato de caridade cristã.
   ( ) A doação de órgãos requer o consentimento livre e antecipado do doador, informado pela família ou por responsável legal.
   ( ) A doação presumida ainda está em vigor no Brasil.
   ( ) O transplante pós-morte só pode ser realizado após a morte atestada segundo protocolos aceitos pela comunidade médica internacional.

Assinale a alternativa que corresponde à sequência correta:
a) F, V, F, V.
b) V, V, V, F.
c) V, V, F, F.
d) V, V, F, V.

3. Assinale a alternativa correta sobre dependência química:
   a) Por drogadição entende-se a ingestão de substâncias que provocam intoxicação e hábito.
   b) A degradação psíquica e física, bem como mortes prematuras em consequência do consumo de drogas, exige políticas próprias de saúde pública.
   c) O tráfico de drogas gera violência e morte, sobretudo entre os jovens.
   d) Todas as afirmações estão corretas.

4. Assinale a alternativa que indica corretamente os espaços e os tipos de cuidados clínicos e de apoio prestados na área de dependência química:
   a) O Centro de Atenção Psicossocial (Caps) é um espaço de acolhida e de apoio a dependentes no sistema público de saúde.
   b) O Sistema Nacional de Políticas Públicas sobre Drogas visa à prevenção, à reinserção social e ao cuidado das normas de repreensão.
   c) A Pastoral da Sobriedade e os grupos de apoio a dependentes são espaços privilegiados de ajuda por parte da Igreja.
   d) Todas as afirmações estão corretas.

5. Com relação à integridade física defendida pela Igreja Católica, marque V para as alternativas verdadeiras e F para as falsas:
   ( ) A violência física ou psíquica fere a dignidade da pessoa.
   ( ) Não compete à comunidade interferir na violência doméstica.
   ( ) Quem colabora com a violência comete igualmente falta grave.
   ( ) Mutilações por exigência cultural são admissíveis.

   Assinale a alternativa que corresponde à sequência correta:
   a) V, F, V, F.
   b) V, V, V, F.
   c) F, V, V, F.
   d) V, V, F, V.

Atividades de aprendizagem

Questões para reflexão

1. Esportes de alto risco, comportamento agressivo no trânsito e recusa ao uso de equipamentos de segurança no trabalho podem ser considerados uma afronta à fé cristã, tendo em vista os valores de responsabilidade pela própria vida e pela vida do outro? Por quê?

2. Em sua opinião, quais são as principais causas da epidemia mundial de drogadição? Em que sentido as sociedades local e global e o cidadão contribuem para que o problema persista ou se agrave?

Atividade aplicada: prática

1. Faça uma entrevista em sua comunidade a fim de identificar o que as pessoas sabem sobre doação de órgãos e se elas conhecem os ensinamentos da Igreja Católica a esse respeito.

6
Bioética, sociedade, saúde e qualidade de vida

Tendo como um dos principais expoentes o bioeticista Giovanni Berlinguer (1924-2015), os aspectos cotidianos relacionados à saúde e à qualidade de vida foram integrados nos debates bioéticos. Outra contribuição relevante nesse processo foi dada pelos bioeticistas da América Latina, como Volnei Garrafa, da Universidade de Brasília (UnB).

Nessa perspectiva, há um enfoque na saúde pública, que contempla, além da prevenção e do tratamento da saúde, a promoção de qualidade de vida, que engloba moradia, alimentação, saneamento básico, entre outros. A sociedade também ocupa um espaço essencial nesse debate, principalmente no que diz respeito ao controle social da saúde pública, por meio do qual se estabelecem prioridades locais e o acompanhamento da aplicação correta dos recursos humanos e financeiros.

Neste capítulo, portanto, trataremos de temas como os desafios, os princípios e as políticas públicas de controle social da saúde. Além disso, abordaremos as comissões de bioética, outra instância relevante de participação da sociedade em prol da saúde e do bem-estar da pessoa e da coletividade.

6.1 Desafios bioéticos na saúde pública

Para muitos países, inclusive o Brasil, o ponto de referência do desenvolvimento da saúde pública é a *Declaração Alma-Ata*[1], instituída na Conferência Internacional de Alma-Ata, em 1978, sobre os cuidados primários da saúde. Nessa conferência, os países signatários, entre eles o Brasil, comprometeram-se a garantir saúde pública para todos até 2000. A ideia era diminuir recursos de armamentos e conflitos militares e aplicá-los à saúde: "Poder-se-á atingir nível aceitável de saúde para todos os povos do mundo até o ano de 2000 mediante o melhor e mais completo uso dos recursos mundiais" (Declaração de Alma-Ata, 1978).

Esse empenho mundial deveria seguir a indicação da Organização Mundial da Saúde (OMS), para a qual a saúde é mais do que a ausência de doença: é sinônimo de bem-estar bio-psíquico-espiritual. De acordo com essa perspectiva, a saúde está sujeita a fatores biológicos (idade, herança genética), socioeconômicos e culturais (educação, lazer, hábitos) e ao meio físico (água potável, qualidade de alimentação, habitação).

---

1 Capital do Cazaquistão.

6.1.1 Assistência pública de saúde

A estrutura socioeconômica e política global tem impacto no modo de se conceber a saúde e a bioética. Ao passo que no Hemisfério Norte se defende o foco na biomedicina, no Hemisfério Sul defende-se um conceito de bioética que se amplie para os fatores determinantes da saúde. Assim como nos âmbitos socioeconômico e político, na área da bioética e da saúde existe um confronto entre os dois hemisférios: os países do Hemisfério Norte contam com ampla acessibilidade a tecnologias de última geração, em virtude dos avanços tecnológicos; já nos países do Hemisfério Sul, os problemas são bem mais básicos e se concentram nas condições de desenvolvimento humano, que implicam vários fatores condicionantes de saúde:

> O sentido do confronto que se trava, em torno da definição do conceito de bioética, entre os países desenvolvidos – que desejam limitá-lo ao rápido progresso da biomedicina – e os países em desenvolvimento que teriam a pretensão de incluir nela tanto os direitos fundamentais básicos (acesso à saúde, habitação e água, luta contra o analfabetismo e a pobreza), quanto a biodiversidade para contrariar os efeitos da globalização econômica. (Byk, 2015, p. 60)

Novos medicamentos e novas tecnologias biomédicas desenvolvidas especialmente no Hemisfério Norte são protegidas por medidas de propriedade intelectual. Desse modo, tornam-se onerosas demais para oferta ampla no Hemisfério Sul, dadas as condições socioeconômicas precárias na maioria desses países. Cria-se, assim, mais um tipo de exclusão social, a qual privilegia apenas uma pequena parcela da população do sul que pode pagar por tratamentos de última geração. Ao mesmo tempo, os países do Norte continuam saqueando os recursos naturais do Sul, muitas vezes usados como matéria-prima de medicamentos.

Outro olhar para a América Latina, encabeçado por Garrafa, traz elementos novos às reflexões bioéticas que visam incluir temas de saúde pública próprios do contexto continental, o que efetivamente globaliza a bioética, que

> é melhor definida no seu sentido global, como ética das ciências da vida e da saúde. Portanto, ela vai além das questões éticas relativas à medicina para incluir os temas de saúde pública, problemas populacionais, genética, saúde ambiental, práticas e tecnologias reprodutivas, saúde e bem-estar animal, e assim por diante. (Junges, 1999, p. 19).

Os bioeticistas do Brasil defendem uma bioética que contemple os determinantes da saúde que foram inseridos na concepção e na organização da saúde pública, no contexto de criação do Sistema Único de Saúde (SUS).

Sem considerar esses condicionantes na resolução de questões éticas e de assistência, o atendimento à saúde não passa de um paliativo:

> A saúde tem como fatores determinantes e condicionantes, entre outros, a alimentação, a moradia, o saneamento básico, o meio ambiente, o trabalho, a renda, a educação, o transporte, o lazer, o acesso a bens e serviços essenciais, e os níveis de saúde da população expressam a organização social e econômica do país. (Conselho Nacional de Saúde, 1990)

Essa percepção de saúde constitui a base de defesa dos bioeticistas brasileiros no cenário mundial – trata-se da defesa da **bioética do cotidiano**. Desse modo, a bioética se torna efetivamente uma ética da vida em todas as situações e circunstâncias.

Não se pode oferecer assistência parcial à saúde humana, pois, desconsiderando-se os impactos das diversas condições de desenvolvimento humano sobre a saúde, ela torna o processo oneroso e sem resultado satisfatório para a pessoa e a coletividade. As condições de desenvolvimento humano no Hemisfério Sul, acrescidas de muitas violências, como guerras e conflitos civis, clamam por essa perspectiva de reflexão das questões éticas da vida.

6.1.2 Efeitos das desigualdades sociais sobre os cuidados básicos com a saúde

Há uma série de desigualdades sociais em todo o mundo. A globalização de uma economia injusta e perversa contribui para acentuar desigualdades entre países desenvolvidos, em desenvolvimento e subdesenvolvidos. Nesse sistema, tanto o ser humano quanto o meio ambiente são colocados em segundo plano – mesmo o cuidado com este sendo um fator relevante para a qualidade de vida de todos os seres vivos. Nessa perspectiva neoliberal, o que interessa são os lucros sempre maiores em períodos de tempo menores e a autorregulação do mercado. Esses aspectos pressupõem princípios éticos globais, porém não podemos esperar que, em todo tempo e todo lugar, todos se pautem em critérios éticos. Desse modo, a economia selvagem que se globalizou só agrava a situação ao contribuir para o aumento das lacunas entre os mais ricos e os mais pobres:

> A globalização, ao mesmo tempo em que transformou, de maneira profunda, os sistemas econômicos ao criar inesperadas possibilidades de crescimento, também fez com que muitos permanecessem à margem do caminho, com a propagação do desemprego em países mais desenvolvidos e a miséria em muitas nações do Sul do Hemisfério. (Barchifontaine, 2005, p. 22)

A diferença de atendimento acontece, entre outros setores, no âmbito da mortalidade materno-infantil, de doenças contagiosas, como Aids, e de doenças relacionadas à falta de saneamento básico e de alimentação adequada.

Outro aspecto é a questão de medicamentos e de biotecnologias ainda não acessíveis a todos: "Enquanto em algumas regiões do planeta existe a expectativa de uma vida mais longa e confortável, em outros lugares o que se vê é o desespero de não conseguir controlar as doenças, embora os meios para fazê-lo já existam" (Pessini, 2009a, p. 108). Embora haja meios disponíveis, eles não são acessíveis, o que, na prática, é um tipo de mistanásia, muito frequente na América Latina. Trata-se de um ponto crucial referente às políticas públicas de saúde, como o SUS.

O marco conceitual e organizacional do SUS é um dos melhores do mundo, mas ainda é impactado pelas condições socioeconômicas deficitárias e pela falta de prioridade na área, motivo pelo qual o sistema não consegue prestar assistência satisfatória. Também é preciso acrescentar que o pressuposto principal da gestão do SUS é a articulação entre as diversas esferas de governo (municipal, estadual e federal) e a transparência dos processos. Os governos têm dificuldade de tratar o SUS como uma política de Estado, tornando-o vulnerável às oscilações próprias de governos com prioridades pontuais de sua própria legenda e de seus aliados: "A gestão em saúde no Brasil não faz uso adequado dos conceitos e princípios da economia, pois o diagnóstico de situação e a definição de prioridades são frequentemente dirigidos mais pela influência política do que pelas ferramentas consagradas da economia em saúde" (Cerqueira, 2010, p. 68).

> O marco conceitual e organizacional do SUS é um dos melhores do mundo.

Em grande parte, as injustiças no SUS são decorrentes de má gestão e de corrupção – a última, nas atuais circunstâncias, pode ser considerada uma relevante epidemia social, pois impacta fortemente nos direitos fundamentais da pessoa, entre eles o da saúde básica. A corrupção acontece desde a locação inadequada de recursos até o conflito de interesses, pautados exclusivamente em ganhos econômicos. Assim, os cuidados básicos são descuidados em vista de maiores ganhos financeiros, geralmente ligados a procedimentos de alta complexidade. Também visando ao lucro, há ainda a classificação de doenças de nível de assistência básica como doenças de nível superior, que levam o paciente a ser submetido a intervenções inúteis e desnecessárias. Nesse caso, as necessidades específicas não são atendidas; ao contrário, o tratamento oferecido pode até ser prejudicial.

Outra área afetada pela corrupção é a de órtese e de prótese, já que o difícil monitoramento de materiais especiais de alto custo a deixa vulnerável, podendo tornar-se um grande vetor de desvio de materiais.

Garantir a aplicação correta dos princípios do SUS, alocar os recursos financeiros de acordo com a responsabilidade de cada esfera do governo e monitorar sua aplicação, consideradas as situações de emergência e a persistência de cada região, é a melhor política de inclusão no campo da saúde e do bem-estar individual e coletivo.

6.2 Princípios da saúde pública

Em 1988, com a promulgação da Constituição Brasileira (Brasil, 1988), o SUS foi oficializado e foi definido o papel do Estado com relação a ele. O sistema contempla a descentralização, o atendimento integral e a participação da comunidade.

> O SUS foi consolidado como uma política pública de saúde que prioriza a universalidade, a equidade e a integralidade. Portanto, cada cidadão, de acordo com suas necessidades, tem direito à saúde preventiva e curativa e ao acompanhamento de seu quadro clínico.

O sistema é complexo e está situado em um ambiente de muitas contradições, o que suscita intenso debate no campo bioético. As responsabilidades do Estado e o controle social do cidadão são elementos essenciais para que a assistência à saúde seja tratada como um direito universal e, como tal, inegociável.

6.2.1 Modernização do sistema público de saúde: a instituição do SUS

Por ocasião da Conferência Internacional sobre Cuidados Primários de Saúde, em Alma-Ata, entre os dias 6 e 12 de setembro de 1978, foi elaborada a *Declaração de Alma-Ata*, que estabeleceu como meta para o alcance da saúde no mundo todo o ano 2000 (Declaração de Alma-Ata, 1978).

Essa declaração prevê a assistência da saúde não somente para o indivíduo, mas também para a coletividade, entendendo por saúde o "estado de completo bem-estar físico, mental e social, e não simplesmente a ausência de doença ou enfermidade" (Declaração de Alma-Ata, 1978). Assim, reconhece a assistência à saúde básica como um direito fundamental que requer convergência de diversos setores: "a consecução do mais alto nível possível de saúde é a mais importante meta social mundial, cuja realização requer a ação de muitos outros setores sociais e econômicos, além do setor saúde" (Declaração de Alma-Ata, 1978).

O compromisso de Alma-Ata foi se desenvolvendo paulatinamente no Brasil. Considerando seus resultados, o governo brasileiro, por meio do Decreto n. 94.657, de 20 de julho de 1987 (Brasil, 1987), autorizou a implantação do Sistema Único e Descentralizado de Saúde (Suds), que foi o início de um processo de modernização que culminou na consolidação do SUS. Os princípios básicos da estruturação do Suds, incorporados posteriormente ao SUS, marcaram uma nova filosofia no campo da saúde pública.

A saúde foi uma das áreas que mais sofreram impacto com a centralização do Estado. A União tornou-se centralizadora, o que, no âmbito da saúde, acabou distanciando os estados federativos e o cidadão das decisões democráticas. O primeiro passo do Suds foi distribuir atribuições diferentes às três esferas de governo por meio da estadualização e da municipalização dos serviços de saúde, uma forma de fazer gestão em saúde que exige articulação e solidariedade entre as instâncias governamentais.

As atribuições bem definidas em cada nível de governo tem como objetivo evitar duplicidade e desperdício: "As instituições nestes três níveis integram-se num sistema regionalizado e hierarquizado" (Barchifontaine, 2005, p. 41). A definição de competências, a equalização entre o trabalhador rural e o urbano, a regionalização e a hierarquização permitem uma melhor distribuição de recursos financeiros e humanos, o que resulta em assistência mais qualificada.

Com a concepção do Suds, de seus princípios e de suas diretrizes, o SUS recebeu raízes sólidas. O atual marco legal da saúde pública no Brasil foi instituído pela Constituição de 1988:

> Art. 196. A saúde é direito de todos e dever do Estado, garantido mediante políticas sociais e econômicas que visem à redução do risco de doença e de outros agravos e ao acesso universal e igualitário às ações e serviços para sua promoção, proteção e recuperação. (Brasil, 1988)

Para dar conta dos direitos dos cidadãos referentes aos cuidados de saúde foi preciso ampliar a compreensão da assistência. Diferentemente das políticas anteriores, as novas diretrizes de saúde pública, além da assistência de recuperação, ou seja, da terapêutica de doença existente, incluem acesso universal à prevenção, à promoção e à manutenção da saúde.

6.2.2 Doutrinas e princípios do SUS

Em 1990, o Ministério da Saúde publicou o *ABC do SUS*, um relevante informativo para os cidadãos sobre a doutrina, os princípios e as competências do sistema. Os temas abordados são a organização, a gestão, a assistência e o controle social, que desenham o novo quadro da assistência na área da saúde, alinhada às exigências dos direitos fundamentais dos cidadãos e ao compromisso assumido em Alma-Ata em 1978.

A **universalidade** prevê a garantia ao acesso de todo cidadão à atenção à saúde nos serviços públicos em instituições próprias ou conveniadas (por exemplo, Hospital Santa Casa). A saúde, no SUS, é um dever do Estado a ser cumprido pelos governos municipal, estadual e federal.

A **equidade** assegura desde os serviços de saúde mais básicos até os de alta complexidade, de acordo com as necessidades da pessoa, independentemente das condições socioeconômicas do cidadão. Em sua filosofia assistencial, o sistema não comporta privilégios e barreiras; assim, é assegurada a igualdade prevista na Carta Magna, segundo as demandas regionais, locais e do próprio usuário. A equidade não é igualdade absoluta, e sim igualdade no direito ao acesso à assistência de acordo com as próprias necessidades.

A **integralidade** é, em primeiro lugar, uma afirmação da pessoa integral, inserida em determinada sociedade, e também a promoção, a proteção e a recuperação de sua saúde. Esse item também se refere à assistência em todas as fases, desde o cuidado preventivo até o pós-tratamento. Assim, supera-se o paradigma do uso do serviço de saúde apenas quando a pessoa é acometida por alguma enfermidade. São etapas interconectadas, visto que grande parte dos retornos ao sistema se deve à interrupção precoce ou ao abandono do acompanhamento regular contínuo – condições que fazem parte da assistência como um todo.

Universalidade, equidade e integralidade não são dimensões de uma doutrina inatingível na prática, pois derivam de princípios que regem a organização, a gestão, a assistência e a participação dos cidadãos. Observe-os a seguir:

- **Regionalização e hierarquização:** Os serviços são organizados por grau de complexidade da assistência dentro de determinado perímetro geográfico e visam oferecer serviços de acordo com a realidade do local, articulando a assistência em todos os níveis (complexidades primária, média e alta). Outro fator a considerarmos é o demográfico, pois é preciso oferecer serviços proporcionais às demandas locais, de modo a atender de maneira satisfatória e humanizada todos os cidadãos e evitar desperdícios.
- **Resolubilidade:** O serviço deve estar capacitado e organizado de tal modo que os problemas pessoais e coletivos sejam efetivamente resolvidos nas instâncias de sua competência.
- **Descentralização:** A distribuição das responsabilidades deve ser feita entre as diversas esferas de governo como porta de entrada no sistema, ou seja, a responsabilidade maior cabe ao município. Essa forma de atuação requer que as competências sejam bem definidas e articuladas entre si.

A filosofia e a organização do SUS garantem serviços assistenciais a todos os cidadãos, visto que definem competências e estabelecem a distribuição equitativa de recursos, embora a eficiência do sistema dependa, em grande parte, da participação cidadã, especialmente nos espaços de controle social.

6.3 Políticas públicas de saúde como competência do Estado

As responsabilidades do Estado e do cidadão se entrecruzam quando se trata de estilo de vida saudável. Cabe ao Estado estender as políticas de saúde a diversas áreas do bem-estar dos cidadãos como forma de prevenção e de manutenção da saúde. Para isso, o governo deve criar espaços de educação para promover a saúde e o controle dela, especialmente onde se concentram os maiores desafios: consumo de medicação; trânsito seguro; segurança alimentar (qualidade, prazo de validade, informações claras sobre a composição dos alimentos industrializados); saneamento básico; combate a epidemias; propagandas que induzem ao consumo inadequado (medicamentos, suplementos, entorpecentes); etc.

A saúde também inclui programas de combate ao sedentarismo, fator que está na raiz de muitas doenças e requer cuidados redobrados. À luz da fé, o cuidado com a saúde é uma forma de cumprimento do quinto mandamento, visto que a "vida e a saúde física são bens preciosos doados por Deus" (CIC, 1999, p. 596).

6.3.1 Campos de ação do SUS

Uma vez conhecidos a doutrina e os princípios do SUS, nenhum cidadão pode afirmar que não é usuário do sistema público de saúde e que está inserido somente na saúde complementar. Afinal, algumas competências que dizem respeito ao cotidiano do cidadão são exclusivas do SUS ou de organizações criadas por ele para efetivar determinados serviços de sua alçada.

> Avançar para um modelo de atenção integral para a saúde em vez do modelo tradicional, centrado na doença, requer a incorporação de ações de promoção e proteção da saúde e do meio ambiente.

Tão diversos quanto os desafios nessa área são seus atores. A promoção da saúde pode ser desenvolvida por instituições governamentais, não governamentais, empresas, associações comunitárias etc. Nesse sentido, ressaltamos que esse é um campo de ação das pastorais sociais, particularmente da Pastoral da Saúde, com ações básicas sobre riscos à saúde e orientações gerais sobre estilo de vida saudável. Para o sucesso desses serviços, é preciso identificar as condições socioeconômicas locais, o perfil epidemiológico da população, a infraestrutura, os hábitos e o estilo de vida – tudo o que pode ser classificado como ações de educação em saúde em questões de alimentação adequada, hábitos de higiene pessoal, sedentarismo, tabagismo, alcoolismo etc.

As **ações de proteção** são compostas pelo controle de epidemias, pelo saneamento básico, pelas vacinações e pela vigilância sanitária (alimentos, medicamentos, cosméticos, agrotóxicos).

No caso da vigilância sanitária, sua efetivação ocorre por meio de monitoramento e de vistorias em restaurantes, piscinas, centros de estética e beleza, piscinas públicas, academias de ginástica etc. Nesses casos, existem questões referentes ao produto em si, e à saúde dos trabalhadores que o manuseiam e ao ambiente de trabalho, como ventilação, umidade e exposição sonora e a produtos tóxicos. Nas ações relativas ao meio ambiente, cabe à vigilância sanitária fiscalizar as condições do ar, do solo, da água, do uso de agrotóxico etc. De modo geral, a inspeção deve evitar que se coloquem produtos nocivos no mercado, o que implica monitoramento desde a fabricação do produto até a aplicação de rótulos claros e precisos.

O conhecimento da realidade de competência da vigilância sanitária é primordial para que se evitem riscos. As informações, além do que é adquirido nas instâncias próprias de levantamento de dados, podem resultar de registros fidedignos das unidades de saúde (unidades básicas, ambulatórios, hospitais). Nesse caso, as competências dessas ações ficam especialmente nas esferas estadual e municipal, dependendo da extensão e da gravidade dos casos.

6.3.2 Cuidados com os recursos naturais e a saúde coletiva

Os recursos naturais são essenciais para a sobrevivência humana e de todas as formas de vida no Planeta. A água é um bem natural indispensável à vida, porém, "em alguns lugares cresce a tendência para se privatizar este recurso escasso, tornando-se uma mercadoria sujeita às leis do mercado" (Francisco, 2015, n. 30). Não se trata dos custos relativos ao tratamento da água, mas de sua transformação em mercadoria, à qual são acrescidos lucros quase sempre exorbitantes definidos pela lei do livre mercado.

O impacto da água contaminada por grandes indústrias, mas também por cidadãos inconsequentes, é significativo. A Assembleia Geral das Nações Unidas, em 2010, reconheceu como direito fundamental o acesso à água potável e ao saneamento. O problema se acentua nos países pobres, muitas vezes ricos em mananciais, mas carentes de infraestrutura de proteção, de disponibilização e de tratamento de água de qualidade nas periferias de grandes centros e em áreas distantes, o que torna essas populações especialmente vulneráveis a doenças, ainda mais se consideradas as condições socioeconômicas: "Entre os pobres, são frequentes as doenças relacionadas com a água, incluindo as causadas por micro-organismos e substâncias químicas" (Francisco, 2015, n. 29).

Enquanto os cidadãos, na lida cotidiana, continuarem descartando lixo tóxico nos rios e as empresas não instalarem estruturas eficientes de manuseio e de tratamento de resíduos, a água continuará sendo transformada em fonte de inúmeras doenças: "A diarreia e a cólera, devidas a serviços de higiene e reservas de água inadequados, constituem um fator significativo de sofrimento e mortalidade infantil" (Francisco, 2015, n. 29).

6.4 Controle social como competência do cidadão

A Lei n. 8.142, de 28 de dezembro de 1990 (Brasil, 1990), regulamenta uma importante instância de controle social: o Conselho Municipal de Saúde, um espaço de participação popular tanto no que diz respeito à proposição de estratégias quanto no que diz respeito ao controle de execução de políticas de saúde – até mesmo quanto à aplicação de recursos previstos em lei. O conselho é de responsabilidade de cada município e tem funções como deliberação sobre estratégias e prioridades locais, fiscalização de recursos, vigilância do atendimento e garantia de descentralização. A participação segue o critério de paridade, sendo 50% da participação destinada aos usuários representantes de algum coletivo, como movimentos populares, sindicatos, associação de moradores e pastorais sociais (Pastoral da Saúde).

Por que esse conselho merece a atenção da Igreja? Porque, como Povo de Deus, os cristãos devem efetivamente exercer um importante papel em favor da vida. Ademais, é um desafio preparar cristãos proféticos e transformadores dessa realidade.

6.4.1 Participação popular na gestão da saúde pública

A participação dos cidadãos na gestão pública é extremamente relevante em todas as áreas. Ela começa pela consciência de que a gestão pública não uma instância estranha e distante: trata-se da gestão das coisas do próprio cidadão. Tomar consciência e participar é, na verdade, uma forma de acompanhar a gestão dos próprios bens. É comum os cidadãos pensarem que isso ou aquilo é de graça. A saúde pública, por exemplo, é tida como sinônimo de gratuidade em saúde, embora seja mantida pelos impostos recolhidos pela Federação.

É muito importante que, após a eleição, haja efetiva participação do cidadão em todos os momentos e assuntos do governo: "É direito e dever da população participar das decisões que lhe dizem respeito e garantir seus direitos. Do mesmo modo, cabe a cada cidadão controlar e fiscalizar o serviço que está sendo oferecido" (Barchifontaine, 2005, p. 69).

Há diversas maneiras de o cidadão participar dos assuntos governamentais. Observe a seguir alguns exemplos:

- observatório social;
- reunião pública de leis de diretrizes orçamentárias nos municípios;
- conselhos comunitários (saúde, segurança);
- ouvidorias de serviços públicos;
- campanhas contra corrupção;
- manifestações;
- abaixo-assinados.

As instâncias de participação específicas em saúde têm relação direta também com outras formas de engajamento, pois, uma vez superada a corrupção e garantida a aplicação correta do dinheiro público, a saúde pública pode resolver problemas que envolvem questões financeiras.

Os fatores determinantes da saúde, como saneamento básico e segurança alimentar, estão interconectados e são administrados pelo Poder Público – controlar a gestão de qualquer área garante atendimento qualificado de saúde.

A participação do cidadão no âmbito da saúde é um pressuposto essencial e não secundário, ou seja, não opcional. O controle social é uma parte integrante do sistema de saúde público, previsto na Constituição:

> Art. 198. As ações e serviços públicos de saúde integram uma rede regionalizada e hierarquizada e constituem um sistema único, organizado de acordo com as seguintes diretrizes:
> I – descentralização, com direção única em cada esfera de governo;
> II – atendimento integral, com prioridade para as atividades preventivas, sem prejuízo dos serviços assistenciais;
> III – **participação da comunidade**. (Brasil, 1988, grifo nosso)

Porém, não basta saber da existência do controle social e de seu marco legal; é preciso ter conhecimento dos princípios e das diretrizes do SUS para poder efetivamente se engajar por ele e não reduzir a garantia constitucional a mero formalismo:

> É preciso manter vigilância através da participação democrática, sendo a própria participação popular um dos instrumentos de efetivação e controle de tal vigilância. O povo deve ter todas as informações e conhecer os princípios da realidade sobre a qual é chamado a opinar. O caminho é tornar as resoluções mais próximas dos usuários, um dos objetivos da municipalização, o que exige a verdade na informação estatística, técnica e nos fundamentos éticos. (Cerqueira, 2010, p. 67)

O controle social é uma das atribuições dos conselhos locais de saúde, constituídos por ampla participação da comunidade para garantir sua característica de representação colegiada: 50% dos representantes devem ser usuários do SUS; 25% devem ser de prestadoras de serviço em saúde; e 25% devem ser representantes do governo, ou seja, daqueles que atuam junto ao gestor. Os conselhos são permanentes, o que significa que não podem ser extintos ou alterados, a não ser por nova lei. Eles têm função deliberativa, por isso suas decisões devem ser cumpridas pelo Poder Público: "para garantir total autonomia e efetividade ao controle social, o Conselho de Saúde não é subordinado ao Poder Executivo – ao prefeito, ao governador ou ao secretário de saúde" (Brasil, 2013a, p. 39).

Os usuários representantes no conselho são indicados por associação de moradores, sindicatos, associações ligadas a igrejas ou movimentos populares. Por isso, é importante que as associações indiquem pessoas qualificadas e conhecedoras do sistema para que efetivamente ofereçam boa contribuição no conselho e garantam, dessa maneira, a assistência qualificada em saúde para a comunidade local.

Há, essencialmente, três grandes linhas em que os conselhos atuam: 1) propõem as diretrizes da política local de saúde; 2) acompanham as ações; e 3) fiscalizam a utilização dos recursos, até mesmo a disponibilização dos recursos previstos em lei. Contudo, os conselhos não podem ser confundidos com a gestão em saúde e não há qualquer compensação para o serviço prestado: trata-se de um exercício da cidadania em prol da comunidade.

Os conselhos "fixam suas deliberações a partir de debate interno e ouvindo pessoas e entidades convidadas a emitir seus pareceres, como: manifestações políticas, consultorias técnicas ou administrativas, estudos epidemiológicos ou de investigação em serviços de saúde" (Barchifontaine, 2005, p. 49). São as instâncias mais próximas da realidade e estabelecem as prioridades conforme as demandas locais. Portanto, quanto mais envolvimento e mais interação houver com as especialidades das diferentes áreas que fornecem assistência em saúde, maior será a qualidade dos serviços ofertados.

6.4.2 Dimensão político-institucional da Pastoral da Saúde e Saúde Pública

As interfaces das políticas públicas de saúde ligadas à missão da Pastoral da Saúde ocorrem na dimensão político-institucional, por isso sua abordagem específica está relacionada, neste estudo, à participação da comunidade. A presença da Igreja na área da saúde é uma expressão relevante da prática da caridade, pois, além das inúmeras instituições mantidas por organizações religiosas, por meio da Pastoral da Saúde a assistência espiritual marca o cuidado integral, independente de profissão de fé.

Como resultado de vários encontros regionais da Pastoral da Saúde na América Latina (no Equador, em 1994, e no Brasil, em 2003), foi oferecido o *Guia da Pastoral da Saúde para as Conferências Episcopais da América Latina e do Caribe*, cujo objetivo era oferecer "orientações gerais para inculturar a Boa Nova no mundo da saúde" (Celam, 2010, p. 12). Em 2009, no Panamá, o Guia foi revisado e atualizado à luz do *Documento de Aparecida* e publicado pelo Conselho Episcopal Latino-Americano em 2010. Segundo o documento, a Pastoral da Saúde deve participar na discussão dos princípios bioéticos relacionados com as políticas públicas de saúde, que devem ser debatidos em vista de sua atuação ao lado instâncias participativas da saúde pública.

Ao lado da dimensão solidária[2] e da dimensão comunitária[3], vale ressaltarmos a dimensão político-institucional da Pastoral da Saúde, que tem como foco de ação o engajamento por uma saúde pública de qualidade e acessível a todos: "Compreendeu-se que não é possível prestar somente uma assistência ao enfermo. É necessário ir mais longe, à mudança de estruturas sociais que permitam uma vida sã e digna"

---

[2] Refere-se à assistência espiritual ao doente.

[3] Refere-se às ações de educação para a saúde na comunidade, ou seja, à dimensão preventiva da pastoral da saúde.

(Celam, 2010, p. 9). A voz profética da Igreja precisa encontrar eco especialmente no campo das políticas públicas de saúde, uma vez que elas garantem vida digna em situação de dor e de sofrimento e oferecem os meios para o cuidado integral da saúde.

A dimensão político-institucional da Pastoral da Saúde tem como principal objetivo "Zelar para que os organismos e instituições públicas e privadas que prestam serviços de saúde e formam profissionais nesta área tenham presente sua missão social, política, ética, bioética e comunitária" (Celam, 2010, p. 73). São várias as linhas de ação propostas para dar conta desse objetivo, como defender a saúde como direito fundamental, engajar-se pela garantia dos princípios do SUS, participar de modo ativo e crítico do controle social, apoiar a formação permanente dos profissionais de saúde, refletir sobre questões éticas da ciência e das biotecnologias e, principalmente, promover "a conscientização das comunidades sobre o direito à saúde e o dever de lutar por condições de vida mais humanas: o direito à terra, ao trabalho, ao salário justo, à habitação, à alimentação, à educação, ao lazer, aos serviços púbicos básicos, à conservação da natureza" (Celam, 2010, p. 74).

Com essa proposta, a Pastoral da Saúde também assume uma visão ampla de saúde, que contempla também seus fatores determinantes. Grande parte da proposta político-institucional da Pastoral da Saúde depende da atuação efetiva nos conselhos de saúde. O controle social é um espaço privilegiado para a pastoral, sempre voltada ao cuidado com a pessoa em todas as suas dimensões – motivo pelo qual é integrada nas instâncias públicas com esse mesmo objetivo. O desafio fica por conta de indicar representantes efetivamente preparados para a função.

Por meio da dimensão político-institucional, a Pastoral da Saúde estende sua atuação às instâncias de decisão das políticas públicas de saúde, em ação que também precisa ser alimentada pela espiritualidade cristã. Os agentes da Pastoral da Saúde são "chamados a conjugar mística e compromisso, contemplação e ação" (Celam, 2010, p. 85). Em todas as esferas, torna-se presente a atitude do bom samaritano: ele para, disposto a mudar de rumo para ajudar; aproxima-se para perceber o problema e faz de si um dom para o outro; acolhe o outro primeiro em seu coração e, por isso, consegue ajudá-lo na totalidade de seu ser.

6.5 Comissões de bioética

Cabe aqui ressaltarmos as instâncias de garantias éticas regulamentadas com função consultiva, deliberativa, normativa e educativa da Comissão Nacional de Ética em Pesquisa (Conep), criada pela Resolução n. 196, de 10 de outubro de 1996, que implementa normas e diretrizes para pesquisas com seres humanos. Para o mesmo fim, nas instituições de pesquisa e demais locais destinados a esse fim existem os comitês de ética em pesquisa (CEPs). Ambos, Conep e CEP, são constituídos por equipe multidisciplinar com representantes dos usuários.

Essas instituições garantem a lisura nas pesquisas ao aprovar e acompanhar a aplicação das diretrizes de pesquisa, o que inclui, entre outros elementos o consentimento esclarecido e o benefício do resultado. Para ampliar o debate ético, surgiram comissões locais institucionais de bioética para promover debates e esclarecer a população. No âmbito eclesial, as dioceses estão organizando tais comissões, seguindo a Conferência Nacional dos Bispos do Brasil (CNBB), para promover a defesa da vida.

6.5.1 Pesquisas com seres humanos

Comitês e comissões de bioética são indissociáveis da regulamentação da pesquisa com seres humanos. Além dos comitês específicos para avaliar os projetos e os processos de pesquisa com seres humanos e com animais, existe um grande número de comitês de bioética que, por meio do debate, visam formar cidadãos mais conscientes e responsáveis pela promoção e pela defesa da vida em todas as fases. Esse estudo tem como a pesquisa com seres humanos, porém não ignora a relevância dos critérios éticos nas pesquisas com animais, muitas vezes envolvidos no mesmo processo, apenas em fases diferentes.

Também nesse campo há distintas situações entre os hemisférios Norte e Sul. Gigantes farmacêuticas encontram um espaço ideal para pesquisas com seres humanos no Sul, onde as condições socioeconômicas precárias e as múltiplas condições de exclusão facilitam a adesão voluntária motivada por atrativos financeiros, no caso de pesquisas. Especialmente nesses países, é preciso implantar mecanismos seguros de proteção à dignidade humana com avaliações, orientações e acompanhamento de comissões locais de ética:

> Felizmente, existem em muitos países normas éticas implementadas com uma rede de comitês de ética de pesquisa com seres humanos que exercem vigilância e controle social. É necessário criar uma nova cultura ética de proteção da dignidade humana diante das diversas situações de vulnerabilidade. (Celam, 2010, p. 63)

Além dessas instâncias com funções específicas com relação a pesquisas com seres humanos, na década de 1990 foram criadas comissões nacionais de bioética – na Itália, em 1988, e na República Dominicana, em 1995. A Comissão Nacional de Bioética foi, posteriormente, adotada por outros países. Um fato relevante que antecedeu a constituição dessas comissões foi a criação da Comissão Nacional para Proteção de Pacientes Humanos, em 1974. De caráter consultivo, essa comissão publicou o *Relatório de Belmont*, em 1978, defendendo como princípio ético o respeito pela pessoa, a beneficência e a justiça, a fim de atender às reivindicações pelos direitos humanos em pesquisa, suscitadas pelo experimento de Tuskegee, mencionado no primeiro capítulo desta obra.

As comissões nacionais de bioética nasceram com o intuito de debater casos de impacto social e de promoção de formação em bioética. Porém, há problemas que se apresentam em cada contexto que dificultam sua consolidação, necessária para que, de fato, essas comissões sejam relevantes para a sociedade como um todo. Dessa maneira, muitos temas são tratados em âmbito político ou jurídico sem um debate mais aprofundado e amplo. No Brasil, essa abordagem começou com a regulamentação das pesquisas com seres humanos, a mesma que define as comissões. A referência-raiz da regulamentação de pesquisas é a Resolução n. 196/1996, que, posteriormente, foi revogada pela Resolução n. 466/2012, de 12 de dezembro de 2012 (Brasil, 2013b), em vigor desde junho de 2013.

Em virtude dos avanços acelerados das tecnologias da vida, que trazem novos desafios, estão previstas a revisão e a atualização regular dessa resolução. Em relação à Resolução n. 466/2012, novos documentos internacionais foram publicados e integrados, a saber: *Declaração Universal do Genoma Humano e os Direitos Humanos* (Unesco, 1997), *Declaração sobre os Dados Genéticos Humanos* (Unesco, 2004) e *Declaração Universal sobre Bioética e Direitos Humanos* (Unesco, 2005).

> As comissões nacionais de bioética nasceram com o intuito de debater casos de impacto social e de promoção de formação em bioética.

Alguns aspectos relevantes da Resolução n. 196/1996 foram preservados. A resolução estabelece critérios para garantir a lisura das pesquisas e assegura itens como o termo de consentimento livre e esclarecido (item II.23), a ponderação entre riscos e benefícios (capítulo V) e a assistência imediata e integral (item V.6). O capítulo VII diz respeito aos sistemas CEP e Conep.

Embora não haja dados exatos sobre o início e o desenvolvimento dos CEP, sabe-se que em 1983 as Comissões de Ética Hospitalar já estavam consolidadas nos Estados Unidos, inicialmente com a função de tomar decisões sobre questões críticas relativas a doentes em fase terminal, passando, na sequência, a se ocupar com experimentos com seres humanos.

Os CEPs e a Conep são instâncias de cooperação que têm como principal função a proteção dos participantes da pesquisa:

> VII.2 – Os CEP são colegiados interdisciplinares e independentes, de relevância pública, de caráter consultivo, deliberativo e educativo, criados para defender os interesses dos participantes da pesquisa em sua integridade e dignidade e para contribuir no desenvolvimento da pesquisa dentro de padrões éticos. (Brasil, 2013b)

Instituições de pesquisa com seres humanos devem ter um ou mais CEPs, de acordo com as demandas da área. Na ausência de CEPs próprios, a Conep define um comitê para submeter a análise de projetos de pesquisa, já que "VII.3 – a CONEP é uma instância colegiada, de natureza consultiva, deliberativa, normativa, educativa e independente, vinculada ao Conselho Nacional de Saúde/MS" (Brasil, 2013b), tendo como função analisar os projetos de pesquisa, manter as informações em sigilo e tomar decisões de forma independente. Os membros dos CEPs e da Conep não podem sofrer coações de seus superiores e, caso estejam envolvidos na pesquisa em questão, devem se isentar das decisões.

Além das comissões, no Brasil foi criada a Sociedade Brasileira de Bioética (SBB), com a finalidade de reunir pessoas de diversas áreas do conhecimento para promover a discussão, a expansão e a produção do conhecimento em bioética. A sociedade também se propõe a criar subsídios para políticas e programas afins de bioética.

6.5.2 Comissões de bioética no espaço eclesial católico

Atenta aos sinais dos tempos, a Igreja compreendeu que, para garantir uma autêntica cultura da vida, é preciso avançar no sentido de integrar os questionamentos éticos decorrentes das novas biotecnologias referentes à vida. Nesse sentido, são relevantes as encíclicas e as declarações sobre temas complexos relacionados à vida e as representações e mensagens da Santa Sé por ocasião de conferências promovidas pela ONU. Além disso, instâncias pontifícias têm promovido congressos com debates próprios sobre temas como células-tronco adultas.

Em todo o mundo, surgiram especialistas de diferentes áreas que abordam temas de bioética à luz da fé cristã. Vale ressaltarmos aqui, entre outros, o médico e bioeticista norte-americano Edmund Pellegrino (1920-2013), ícone da bioética cristã, e o cardeal italiano Elio Sgreccia (1928-), presidente emérito da Pontifícia Academia para a Vida, que desenvolveu a abordagem personalista.

Todas essas iniciativas e o envolvimento com temas cruciais da vida são formas de a Igreja participar significativamente nas diferentes esferas da sociedade – afinal, promover uma autêntica cultura da vida requer ampla articulação e aprofundamento. Em virtude disso, tem crescido o número de iniciativas de formação e de consolidação de comissões de bioética no âmbito eclesial para estudos, debates e criação de subsídios que possam ajudar as lideranças e toda a comunidade a refletir mais e melhor sobre as complexas questões bioéticas. Dessa forma, é possível que as pessoas passem a defender a vida de forma convincente em todas as circunstâncias e em todos os ambientes.

No Brasil, a CNBB reuniu, em 2004, um grupo de especialistas com a tarefa de oferecer suporte para determinados temas bioéticos, como a **bioética de fronteira** (início e fim da vida). O grupo foi transformado na Comissão de Bioética da CNBB, em 2009, constituído por uma equipe multidisciplinar de formação acadêmica de excelência e proficiente nos complexos dilemas éticos suscitados pelos avanços biomédicos:

> Cabe a esses profissionais oferecer seus conhecimentos, à luz da ciência e da fé e iluminados pelo Magistério da Igreja, tendo como missão de apoiar o episcopado brasileiro no serviço evangelizador do Povo de Deus, acerca do valor e da dignidade da vida humana e para a construção da cultura da vida. (Soares; Ramos; Moser, 2010, p. 118)

As comissões de bioética são excelentes espaços para a formação de opinião relativa a questões críticas que se levantam na sociedade, assim como para a mediação do conteúdo de documentos do Magistério em círculos sempre mais amplos da Igreja e da sociedade. Para isso, a CNBB sugere que se criem, a exemplo da Comissão de Bioética da CNBB, comissões diocesanas de bioética, a fim de que as possibilidades locais para o diálogo e o trabalho cooperativo possam ser aproveitadas:

> Em cada diocese encontram-se universidades, escolas, hospitais e órgãos governamentais ligados à saúde pública. Nestes contextos, uma Comissão Diocesana de Bioética poderá não só representar a voz da Igreja, mas testemunhar a relação entre fé e razão, além de exortar sobre o compromisso moral e social que devem ter os cientistas e profissionais de saúde. (Soares; Ramos; Moser, 2010, p. 118)

A comissão de bioética, além de auxiliar os responsáveis locais pelas comunidades cristãs no posicionamento perante as complexas questões de bioética, deve promover amplo diálogo, incluindo expressões religiosas, ambientes não religiosos e até mesmo hostis. Olhares muito diversos podem convergir para um mesmo foco quando se trata do ser humano em sua essência, não ignorando sua dimensão espiritual, mas compreendendo-a como um direito fundamental, sem imposição de uma expressão específica. Abrir-se ao diálogo é acolher o outro sem precisar abdicar das próprias convicções. No debate bioético é preciso, sobretudo, testemunhar o Evangelho da Vida.

Síntese

Neste capítulo, demonstramos como a *Declaração de Alma-Ata* (1978) serviu de base para a criação de políticas públicas, principalmente na saúde, dos países signatários. Atendendo aos desafios propostos por essa declaração, foi criado no Brasil o Sistema Único de Saúde (SUS), que, em razão de sua filosofia, seus princípios, suas diretrizes e sua maneira de gestão (dividida entre as três esferas governamentais), consiste em um sistema público de saúde de vanguarda no cenário mundial.

Conforme apontamos, a precariedade da assistência em saúde no Brasil não é oriunda do SUS, que tem uma proposta muito intessante, mas de outros fatores, como falta de prioridade do Poder Público, dificuldades na gestão articulada entre as diversas instâncias de governo e deficiência na aplicação de recursos. Tudo isso resulta da fragilidade do controle social, seja por desconhecimento, seja pela falta de compromisso social dos cidadãos. Por isso, é urgente que as comunidades cristãs despertem e, de modo exemplar, seus membros exerçam o papel de cidadãos à luz da fé cristã, participando do controle social e da expansão das comissões de bioética – excelentes espaços de participação proativa.

Nesse sentido, analisamos a importância da participação cidadã nos conselhos locais de saúde, nas comissões de bioética e nas ações de pastorais do cuidado, visto que é uma forma significativa de contribuição para a transformação ética e solidária da sociedade.

Indicação cultural

Vídeo

NÚCLEO DE ESTUDOS SOBRE BIOÉTICA E DIPLOMACIA EM SAÚDE. **Pe. Leo Pessini - A saúde no mundo em perspectiva bioética**: o legado de Van Rensselaer Potter. Disponível em: <https://www.youtube.com/watch?v=MGEGoUI1kOc>. Acesso em: 10 abr. 2018.

Leo Pessini apresenta nessa palestra sua experiência, como padre camiliano, no contato com as estruturas de cuidado à saúde, em diversos países, relacionando-as com ao conceito de bioética de Van Rensselaer Potter e ressaltando os aspectos sociopolíticos da bioética na América Latina.

Atividades de autoavaliação

1. Com relação às competências do Sistema Único de Saúde (SUS), marque V para as alternativas verdadeiras e F para as falsas:
   ( ) O SUS deve garantir o acesso universal à assistência em saúde.
   ( ) O SUS deve fiscalizar a qualidade dos alimentos (informações nos rótulos, prazo de validade etc.).
   ( ) É função do SUS promover campanhas de educação sobre saúde preventiva.
   ( ) É responsabilidade do SUS ampliar o sistema de educação.

   Assinale a alternativa que corresponde à sequência correta:
   a) V, F, V, F.
   b) V, V, V, F.
   c) V, F, F, V.
   d) V, V, F, F.

2. Assinale as alternativas que correspodem aos princípios do SUS:
   I. Regionalização e hierarquização.
   II. Resolubilidade.
   III. Expansão.
   IV. Descentralização.

   São corretos os itens:
   a) I, II e III.
   b) I, III e IV.
   c) II, III e IV.
   d) I, II e IV.

3. Sobre a missão da Igreja no campo da saúde, marque V para as alternativas verdadeiras e F para as falsas:
   ( ) A dimensão político-institucional da Pastoral da Saúde prevê a ação da Igreja nas instâncias de promoção da saúde e de controle social.
   ( ) Por sua natureza espiritual, não compete à Igreja envolver-se nas políticas públicas de saúde.
   ( ) A área de atuação da Igreja na saúde se reduz à assistência espiritual.
   ( ) É tarefa da comunidade capacitar seus representantes no conselho de saúde local.

   Assinale a alternativa que corresponde à sequência correta:
   a) V, F, F, V.
   b) V, F, V, F.
   c) V, V, F, F.
   d) F, F, F, V.

4. No que diz respeio à principal competência do controle social, é tarefa do conselho de saúde local:
   a) acatar as ordens e as prioridades estabelecidas pelos gestores superiores.
   b) deliberar as prioridades da saúde local e controlar a aplicação de recursos financeiros.
   c) promover campanhas de arrecadação de recursos para a unidade de saúde local.
   d) fazer a triagem prévia para agilizar o atendimento.

5. Considerando a organização e a atuação dos comitês de ética em pesquisa e as comissões de bioética, marque V para as alternativas verdadeiras e F para as falsas:
   ( ) A Comissão Nacional de Ética em Pesquisa (Conep) garante os direitos do participante da pesquisa.
   ( ) A Resolução n. 196/1996 estabeleceu as diretrizes éticas para a pesquisa com seres humanos.
   ( ) Os projetos de pesquisa em instituições que não têm comitê de ética em pesquisa estão liberados do processo de aprovação.
   ( ) A Comissão de Bioética da CNBB foi criada com a função de promover o debate bioético e o suporte em questões complexas da vida.

   Assinale a alternativa que corresponde à sequência correta:
   a) V, F, V, V.
   b) F, V, V, F.
   c) V, V, F, V.
   d) V, V, F, F.

Atividades de aprendizagem

Questões para reflexão

1. Quais são os princípios do Sistema Único de Saúde (SUS)? De que maneira eles contribuem para a garantia da saúde e da qualidade de vida do cidadão?

2. Qual é o papel do cidadão no debate de políticas públicas de saúde? De que forma ele pode contribuir para o seu melhoramento?

Atividade aplicada: prática

1. Participe do controle social de saúde nas instâncias disponíveis, como conselho local de saúde e ouvidoria do SUS, ou de grupos de estudos de bioética da Igreja ou de alguma instituição de ensino parceira.

Considerações finais

A comunidade internacional foi impelida a querer proteger a dignidade das pessoas ao se deparar com as pesquisas científicas com seres humanos, desprovidas de critérios éticos, representadas principalmente pelas atrocidades da Segunda Guerra Mundial. O *Código de Nuremberg* é o marco dessa grande mudança e, ainda hoje, é referência de regulamentação e de controle para que os avanços científicos aconteçam com base em procedimentos eticamente aceitáveis. Os códigos se multiplicaram e as pesquisas inauguraram uma era de maior respeito ao ser humano e aos animais.

A bioética surgiu no início do século XX, mas só foi desenvolvida e consolidada na década de 1970. Seu desenvolvimento deu origem a diversos focos de análise, que passaram a ser divididos por áreas. Essas abordagens também se diversificaram em virtude dos conceitos de *pessoa* e de *dignidade*, que constituem a base para qualquer reflexão em bioética, já que o conceito de *pessoa com dignidade* é determinante no campo da promoção e da defesa da vida. Nesse cenário, a Igreja Católica promove e defende a vida desde a concepção até a morte natural, embora haja pensadores e grupos que relacionam o conceito de dignidade e de pessoa a outras condicionantes, as quais permitem outra forma de ver a vida, especialmente em seu início.

Apesar de os avanços tecnológicos trazerem grandes benefícios para a humanidade, pelos quais são dignos de louvor, a possibilidade de interferência na vida humana suscita novos posicionamentos. O poder conferido pelas tecnologias permite não somente o cuidado e a recuperação da vida, mas também a manipulação dela. Nesse sentido, é necessário que as tecnologias e a ciência sejam aplicadas apenas em benefício do ser humano, de maneira consciente, a fim de se evitarem procedimentos com riscos desproporcionais, como o risco de morte ou de mutilação.

Devemos salientar, no entanto, que questionar a licitude das intervenções na vida humana com o auxílio das biotecnologias e dos procedimentos de alta complexidade não pode ser um entrave para o desenvolvimento científico. Antes disso, esse questionamento deve ser um meio para indicar um caminho eticamente aceitável no sentido de promover a vida e garantir sua subsistência no futuro. Afinal, as ciências também possibilitam a doação de vida, como no caso da doação de órgãos e de tecidos.

Os conhecimentos científicos também são relevantes para o cotidiano das pessoas. São inúmeras as condições de cultura de morte que podem ser reorientadas para o caminho da vida graças à disponibilidade de meios oferecidos pelo mundo científico, entre eles os cuidados no pré e no pós-natal, os tratamentos avançados para dependentes químicos, a ampliação de procedimentos clínicos e medicamentosos, os avanços nas terapias de saúde mental e as vacinas.

Todas essas questões, conforme pudemos demonstrar, tornou necessária a ampliação do debate ético por meio da bioética do cotidiano, visto que interferem diretamente na vida das pessoas. Nesse contexto, é preciso salientar o empenho dos bioeticistas da América Latina para a inclusão de determinantes da saúde, como moradia, alimentação e acessibilidade à assistência médica, no debate da bioética do cotidiano. Trata-se de um campo que afeta toda a sociedade tanto pelo direito aos cuidados básicos de saúde quanto pelo exercício de cidadania, especialmente na função do controle social da gestão, do funcionamento e da aplicação de recursos para a saúde preventiva, curativa e de manutenção.

Perfilando os temas tratados neste livro, é possível percebermos que a bioética, antes de ser apenas uma via de acúmulo de conhecimentos – embora não exclua essa dimensão –, é um espaço de debate sobre questões cruciais da vida que afetam todas as pessoas. Por isso trata-se de um âmbito privilegiado para a presença profética da Igreja no campo da vida, pois promover a cultura da vida em meio a tantos sinais de morte é um dos maiores desafios da missão da Igreja atualmente.

Referências

ABTO – Associação Brasileira de Transplante de Órgãos. Dimensionamento dos transplantes no Brasil e em cada estado (2009-2016). **Registro Brasileiro de Transplantes**, ano 22, n. 4, 2016. Disponível em: <http://www.abto.org.br/abtov03/Upload/file/RBT/2016/RBT2016-leitura.pdf>. Acesso em: 5 mar. 2018.

AMORIM, K. P. C. O cuidado de si para o cuidado do outro. In: PESSINI, L.; BERTACHINI, L.; BARCHIFONTAINE, C. P. (Org.). **Bioética, cuidado e humanização**. São Paulo: Centro Universitário São Camilo; Loyola; IBCC Centro de Estudos, 2014. v. 2: Sobre o cuidado respeitoso. p. 275-282.

ANDRADE. A. M. C. de. **Considerações jurídicas acerca do início da vida**. 2012. Disponível em: <https://jus.com.br/artigos/21637/consideracoes-juridicas-acerca-do-inicio-da-vida-humana>. Acesso em: 5 mar. 2018.

APRESENTADA conferência sobre medicina regenerativa baseada em células-tronco adultas. **Comunidade Corpus Christi**, 10 abr. 2013. Disponível em: <http://www.corpuschristi.org.br/newsite/?p=1710>. Acesso em: 6 mar. 2018.

BARCHIFONTAINE, C. de P. de. **Saúde pública é bioética?** São Paulo: Centro Universitário São Camilo; Paulus, 2005.

BENTO XVI, Papa. **Carta Encíclica Caritas in Veritate:** sobre o desenvolvimento humano integral na caridade e na verdade. 2. ed. São Paulo: Paulinas, 2009. (A voz do Papa, 193).

_____. Catequese de Bento XVI: a revelação da face de Deus 16/01/2013. **Canção Nova**, 16 jan. 2013. Disponível em: <https://noticias.cancaonova.com/papa/catequese-de-bento-xvi-a-revelacao-da-face-de-deus-16012013>. Acesso em: 5 mar. 2018.

_____. **Discurso do Papa Bento XVI aos participantes no Congresso Internacional promovido pela Pontifícia Academia para a Vida sobre o tema da doação de órgãos.** 7 nov. 2008. Disponível em: <https://w2.vatican.va/content/benedict-xvi/pt/speeches/2008/november/documents/hf_ben-xvi_spe_20081107_acdlife.html>. Acesso em: 20 mar. 2018.

BERLINGUER, G. **Bioética cotidiana.** Buenos Aires: Siglo XXI, 2002.

BERTACHINI, L.; PESSINI, L. **Encanto e responsabilidade no cuidado da vida:** lidando com desafios éticos em situações críticas e de final de vida. São Paulo: Paulus, 2011.

BIBLIA. Português. **Bíblia de Jerusalém**. São Paulo: Paulus, 2002.

BOUSSO, R. S.; SANTOS, M. R. A ciência do cuidado: conhecimentos e sensibilidade. In: PESSINI, L.; BERTACHINI, L.; BARCHIFONTAINE, C. P. (Org.). **Bioética, cuidado e humanização.** São Paulo: Centro Universitário São Camilo; Loyola; IBCC Centro de Estudos, 2014. v. 2: Sobre o cuidado respeitoso. p. 389-403.

BRASIL. Congresso Nacional. **Projeto de Lei do Senado n. 116, de 2000.** Altera o Decreto-Lei n. 2.848, de 7 de dezembro de 1940 (Código Penal), para excluir de ilicitude a ortotanásia. 2000. Disponível em: <https://legis.senado.leg.br/sdleg-getter/documento?dm=4261118&disposition=inline>. Acesso em: 16 mar. 2018.

_____. **Projeto de Lei do Senado n. 524, de 2009.** Dispõe sobre os direitos da pessoa em fase terminal de doença. Arquivada ao final da legislatura. 2009. Disponível em: <http://legis.senado.leg.br/sdleg-getter/documento?dm=2961103&disposition=inline>. Acesso em: 6 mar. 2018.

BRASIL. Constituição (1988). *Diário Oficial da União*, Brasília, 5 out. 1988. Disponível em: <http://www.planalto.gov.br/ccivil_03/Constituicao/Constituicao.htm>. Acesso em: 6 mar. 2018.

_____. Decreto n. 94.657, de 20 de julho de 1987. **Diário Oficial da União**, Poder Legislativo, Brasília, DF, 21 jul. 1987. Disponível em: <http://www2.camara.leg.br/legin/fed/decret/1980-1987/decreto-94657-20-julho-1987-445419-publicacaooriginal-1-pe.html>. Acesso em: 20 mar. 2018.

_____. Lei n. 8.080, de 19 de setembro de 1990. **Diário Oficial da União**, Poder Legislativo, Brasília, DF, 20 set. 1990. Disponível em: <http://www.planalto.gov.br/ccivil_03/leis/l8080.htm>. Acesso em: 2 abr. 2018.

_____. Lei n. 8.142, de 28 de dezembro de 1990. **Diário Oficial da União**, Poder Executivo, Brasília, DF, 31 dez. 1990. Disponível em: <http://www.planalto.gov.br/ccivil_03/leis/l8142.htm>. Acesso em: 20 mar. 2018.

_____. Lei n. 9.434, de 4 de fevereiro de 1997. **Diário Oficial da União**, Poder Legislativo, Brasília, DF, 5 fev. 1997. Disponível em: <http://www.planalto.gov.br/ccivil_03/leis/L9434.htm>. Acesso em: 20 mar. 2018.

_____. Lei n. 10.211, de 23 de março de 2001. **Diário Oficial da União**, Poder Executivo, Brasília, DF, 24 mar. 2001. Disponível em: <http://www.planalto.gov.br/ccivil_03/leis/LEIS_2001/L10211.htm>. Acesso em: 20 mar. 2018.

_____. Lei n. 11.105, de 24 de março de 2005. **Diário Oficial da União**, Poder Legislativo, Brasília, DF, 28 mar. 2005. Disponível em: <http://www.planalto.gov.br/ccivil_03/_ato2004-2006/2005/lei/l11105.htm>. Acesso em: 6 mar. 2018.

_____. Lei n. 11.343, de 23 de agosto de 2006. **Diário Oficial da União**, Poder Legislativo, Brasília, DF, 24 ago. 2006. Disponível em: <http://www.planalto.gov.br/ccivil_03/_ato2004-2006/2006/lei/l11343.htm>. Acesso em: 20 mar. 2018.

_____. Lei n. 13.104, de 9 de março de 2015. **Diário Oficial da União**, Poder Legislativo, Brasília, DF, 10 mar. 2015. Disponível em: <http://www.planalto.gov.br/ccivil_03/_ato2015-2018/2015/lei/L13104.htm>. Acesso em: 20 mar. 2018.

BRASIL. Ministério da Saúde. Conselho Nacional de Saúde. **Para entender o controle social na saúde**. Brasília, DF, 2013a. Disponível em: <http://conselho.saude.gov.br/biblioteca/livros/Manual_Para_Entender_Controle_Social.pdf>. Acesso em: 6 mar. 2018.

BRASIL. Ministério da Saúde. Conselho Nacional de Saúde.. Resolução n. 196, de 10 de outubro de 1996. **Diário Oficial da União**, Brasília, DF, 1996. Disponível em: <https://www.ufrgs.br/bioetica/res19696.htm>. Acesso em: 20 mar. 2018.

BRASIL. Ministério da Saúde. Secretaria Nacional de Assistência à Saúde. **ABC do SUS**: doutrinas e princípios. Brasília, DF, 1990. Disponível em: <http://www.pbh.gov.br/smsa/bibliografia/abc_do_sus_doutrinas_e_principios.pdf>. Acesso em: 6 mar. 2018.

_____. Resolução n. 466, de 12 de dezembro de 2012. **Diário Oficial da União**, Brasília, DF, 13 jun. 2013b. Disponível em: <http://conselho.saude.gov.br/resolucoes/2012/Reso466.pdf>. Acesso em: 6 mar. 2018.

BYK, C. **Tratado de bioética**. Tradução de Guilherme João de Freitas Teixeira. São Paulo: Paulus, 2015. (Coleção Ethos).

CEBID – Centro de Estudos de Biodireito. **Bélgica autoriza menores a optar pela eutanásia**. 13 fev. 2014. Disponível em: <https://cebid.blogspot.com.br/2014/02/belgica-autoriza-menores-optar-pela.html>. Acesso em: 6 mar. 2018.

CELAM – Conselho Episcopal Latino-Americano. **Discípulos missionários no mundo da saúde**: guia para a pastoral da saúde na América Latina e no Caribe. Tradução de Maria Stela Gonçalves e Adail Sobral. São Paulo: Centro Universitário São Camilo, 2010.

_____. **Documento de Aparecida:** texto conclusivo da V Conferência Geral do Episcopado Latino-Americano e do Caribe. 5. ed. São Paulo: CNBB; Paulus; Paulinas, 2008. (Coleção Quinta Conferência).

_____. **Puebla**: conclusões. 8. ed. São Paulo: Loyola, 1995.

CELAM – Conselho Episcopal Latino-Americano. **Santo Domingo**: conclusões. Tradução de Instituto Santo Inácio. 11. ed. São Paulo: Loyola, 1997.

CERQUEIRA, E. K. Moral cristã e gestão responsável e justa dos bens públicos da saúde. In: CNBB – Conferência Nacional dos Bispos do Brasil. **Questões de bioética**. São Paulo: Paulus, 2010. p. 53-76. (Estudos da CNBB 98).

CIC – CATECISMO DA IGREJA CATÓLICA. Edição típica vaticana. Petrópolis: Vozes; São Paulo: Loyola, 1999.

CFM – Conselho Federal de Medicina. **Código de Ética Médica:** Resolução n. 1.931, de 17 de setembro de 2009. Brasília, 2010. Disponível em: <https://portal.cfm.org.br/images/stories/biblioteca/codigo%20de%20etica%20medica.pdf>. Acesso em: 6 mar. 2018.

_____. Resolução n. 1.805, de 9 de novembro de 2006. **Diário Oficial da União**, Brasília, DF, 28 nov. 2006. Disponível em: <http://www.portalmedico.org.br/resolucoes/cfm/2007/111_2007.htm>. Acesso em: 16 mar. 2018.

CNBB – Conferência Nacional dos Bispos do Brasil. **Questões de bioética**. São Paulo: Paulus, 2010. (Estudos da CNBB 98).

CONCÍLIO VATICANO II. Constituição pastoral Gaudium et Spes sobre a Igreja no mundo de hoje. In: _____. **Vaticano II**: mensagens, discursos, documentos. São Paulo: Paulinas, 2011. p. 470-549.

CONGREGAÇÃO PARA A DOUTRINA DA FÉ. **Esclarecimento sobre o aborto provocado**. 15 mar. 2009. Disponível em: <http://www.vatican.va/roman_curia/congregations/cfaith/documents/rc_con_cfaith_doc_20090711_aborto-procurato_po.html>. Acesso em: 6 mar. 2018.

_____. **Instrução Ad resurgendum cum Christo a propósito da sepultura dos defuntos e da conservação das cinzas da cremação**. Roma, 15 ago. 2016. Disponível em: <http://www.vatican.va/roman_curia/congregations/cfaith/documents/rc_con_cfaith_doc_20160815_ad-resurgendum-cum-christo_po.html>. Acesso em: 6 mar. 2018.

_____. **Dignitas Personae**. Roma, 8 set. 2008. Disponível em: <http://www.vatican.va/roman_curia/congregations/cfaith/documents/rc_con_cfaith_doc_20081208_dignitas-personae_po.html>. Acesso em: 6 mar. 2018.

CTI – COMISSÃO TEOLÓGICA INTERNACIONAL. **Algumas questões sobre a Teologia da Redenção**. 1995. Disponível em: <http://www.vatican.va/roman_curia/congregations/cfaith/cti_documents/rc_cti_1995_teologia-redenzione_po.html>. Acesso em: 6 mar. 2018.

_____. **Comunhão e serviço**: a pessoa humana criada à imagem de Deus. 2004. Disponível em: <http://www.vatican.va/roman_curia/congregations/cfaith/cti_documents/rc_con_cfaith_doc_20040723_communion-stewardship_po.html>. Acesso em: 6 mar. 2018.

CTI – COMISSÃO TEOLÓGICA INTERNACIONAL. **Em busca de uma ética universal:** novo olhar sobre a lei natural. [2007?]. Disponível em: <http://www.vatican.va/roman_curia/congregations/cfaith/cti_documents/rc_con_cfaith_doc_20090520_legge-naturale_po.html#5.1._O_Logos_incarnado,_Lei_viva>. Acesso em: 6 mar. 2018.

DECLARAÇÃO de Alma-Ata. 1978. Disponível em: <http://www.opas.org.br/declaracao-de-alma-ata/>. Acesso em: 6 mar. 2018.

DUARTE, A. A. D. Bioética à luz dos documentos da Igreja. In: CNBB – Conferência Nacional dos Bispos do Brasil. **Questões de bioética.** São Paulo: Paulus, 2010. p. 9-22. (Estudos da CNBB 98).

DURAND, G. **Introdução geral à bioética:** história, conceitos e instrumentos. Tradução de Nicolás Nyimi Campanário. 2. ed. São Paulo: Loyola, 2007.

FISCHER, E. P. **Die Verzauberung der Welt.** München: Siedler Verlag, 2014.

FRANCISCO, Papa. **Amoris Laetitia.** Roma, 19 mar. 2016. Disponível em: <http://w2.vatican.va/content/francesco/pt/apost_exhortations/documents/papa-francesco_esortazione-ap_20160319_amoris-laetitia.html> Acesso em: 6 mar. 2018.

_____. **Exortação Apostólica Evangelii Gaudium.** São Paulo: Paulus; Loyola, 2013.

_____. **Laudato Si'.** Roma, 24 maio 2015. Disponível em: <http://w2.vatican.va/content/francesco/pt/encyclicals/documents/papa-francesco_20150524_enciclica-laudato-si.html>. Acesso em: 6 mar. 2018.

GRUPO INFORMAL DE TRABALHO SOBRE BIOÉTICA. **Observações a respeito da Declaração Universal sobre o genoma humano e os direitos do homem.** Paris, 11 nov. 1997. Disponível em: <http://www.vatican.va/roman_curia/pontifical_academies/acdlife/documents/rc_pa_acdlife_doc_08111998_genoma_po.html>. Acesso em: 6 mar. 2018.

JAHR, F. Ensaios em bioética e ética (1926-1947). In: PESSINI, L.; BARCHIFONTAINE, C. de P. de. (Org.). **Bioética clínica e pluralismo:** com ensaios originais de Fritz Jahr. São Paulo: Centro Universitário São Camilo; Loyola, 2013. p. 455-501.

JOÃO PAULO II, Papa. **Audiência geral:** no mistério da redenção do corpo a esperança da vitória sobre o pecado. 21 jul. 1982. Disponível em: <http://w2.vatican.va/con

tent/john-paul-ii/pt/audiences/1982/documents/hf_jp-ii_aud_19820721.pdf>. Acesso em: 6 mar. 2018.

JOÃO PAULO II, Papa. **Audiência geral**: o correcto uso da linguagem do corpo é testemunho digno de verdadeiros profetas. 26 jan. 1983a. Disponível em: <http://w2.vatican.va/content/john-paul-ii/pt/audiences/1983/documents/hf_jp-ii_aud_19830126.pdf>. Acesso em: 6 mar. 2018.

_____. **Audiência geral**: pedagogia do corpo, ordem moral e manifestações afectivas. 8 abr. 1981. Disponível em: <http://w2.vatican.va/content/john-paul-ii/pt/audiences/1981/documents/hf_jp-ii_aud_19810408.html>. Acesso em: 6 mar. 2018.

_____. **Carta à Secretária-Geral da Conferência Internacional da ONU sobre população e desenvolvimento**. Roma: L'Osservatore Romano, 1994.

_____. **Centesimus Annus**. Roma, 1 maio 1991. Disponível em: <http://w2.vatican.va/content/john-paul-ii/pt/encyclicals/documents/hf_jp-ii_enc_01051991_centesimus-annus.html>. Acesso em: 6 mar. 2018.

_____. **Carta Encíclica Fides et Ratio**: sobre as relações entre fé e razão. 5. ed. São Paulo: Paulinas, 2001.

JOÃO PAULO II, Papa. **Discurso do Santo Padre João Paulo II aos participantes do XVIII Congresso Internacional sobre os Transplantes**. 29 ago. 2000. Disponível em: <https://w2.vatican.va/content/john-paul-ii/pt/speeches/2000/jul-sep/documents/hf_jp-ii_spe_20000829_transplants.html>. Acesso em: 20 mar. 2018.

_____. **Discurso do Papa João Paulo II aos participantes na Assembleia da Associação Médica Mundial sobre o tema "O médico e os direitos do homem"**. 29 out. 1983b. Disponível em: <https://w2.vatican.va/content/john-paul-ii/pt/speeches/1983/october/documents/hf_jp-ii_spe_19831029_ass-medica-mondiale.html>. Acesso em: 6 mar. 2018.

_____. **Evangelium Vitae**. Roma, 25 mar. 1995. Disponível em: <http://w2.vatican.va/content/john-paul-ii/pt/encyclicals/documents/hf_jp-ii_enc_25031995_evangelium-vitae.pdf>. Acesso em: 6 mar. 2018.

_____. **Teologia do corpo**: o amor humano no plano divino. Campinas: Ecclesiae, 2014.

JONAS, H. **O princípio vida**: fundamentos para uma biologia filosófica. Tradução de Carlos Almeida Pereira. 2. ed. Petrópolis: Vozes, 2004. (Coleção Textos Filosóficos).

JUNGES, J. R. **Bioética, perspectivas e desafios.** São Leopoldo: Unisinos, 1999.

KONZEN, J. **Ética teológica fundamental.** São Paulo: Paulinas, 2001.

KÜBLER-ROSS, E. **A morte:** um amanhecer. Tradução de Maria de Lourdes Lanzellotti. 6. ed. São Paulo: Pensamento, 2007.

_____. **Sobre a morte e o morrer.** Tradução de Paulo Menezes. 7. ed. São Paulo: M. Fontes, 1996.

LADARIA, L. **Introdução à antropologia teológica.** Tradução de Roberto Leal Ferreira. 3. ed. São Paulo: Loyola, 2007.

MORACHE, G. A. **Naissance et mort:** étude de socio-biologie et de médecine légale. Paris: Alcan, 1904.

MORETO, G.; BLASCO, P. G. A importância da empatia na relação médico-paciente. In: PESSINI, L.; BERTACHINI, L.; BARCHIFONTAINE, C. P. (Org.). **Bioética, cuidado e humanização.** São Paulo: Centro Universitário São Camilo; Loyola; IBCC Centro de Estudos, 2014. v. 3: Humanização dos cuidados de saúde e tributos de gratidão. p. 537-547.

NOVELINO, M. **Curso de direito constitucional.** 10. ed. Salvador: JusPODIVM, 2015.

ONU – Organização das Nações Unidas. **Declaração Universal dos Direitos Humanos.** 10 dez. 1948. Disponível em: <http://unesdoc.unesco.org/images/0013/001394/139423por.pdf>. Acesso em: 6 mar. 2018.

ONUBR – Organização das Nações Unidas no Brasil. **OMS:** suicídio é responsável por uma morte a cada 40 segundos no mundo. 12 set. 2016. Disponível em: <https://nacoesunidas.org/oms-suicidio-e-responsavel-por-uma-morte-a-cada-40-segundos-no-mundo>. Acesso em: 6 mar. 2018.

PAULO VI, Papa. **Humanae Vitae.** Roma, 25 jul. 1968. Disponível em: <http://w2.vatican.va/content/paul-vi/pt/encyclicals/documents/hf_p-vi_enc_25071968_humanae-vitae.pdf>. Acesso em: 6 mar. 2018.

PEGARARO, E. Igreja apoia tratamentos para fertilidade. **Canção Nova,** 27 fev. 2012. Entrevista. Disponível em: <http://noticias.cancaonova.com/mundo/igreja-apoia-tratamentos-para-fertilidade>. Acesso em: 6 mar. 2018.

PESSINI, L. No berço da bioética: o encontro com um imperativo e um princípio. In: PESSINI, L.; BERTACHINI, L.; BARCHIFONTAINE, C. P. (Org.). **Bioética,** cuidado e humanização. São Paulo: Centro Universitário São Camilo; Loyola; IBCC Centro de Estudos, 2014. v. 1: Das origens à contemporaneidade. p. 5-34.

PESSINI, L. **Bioética**: um grito por dignidade de viver. São Paulo: Paulinas; Centro Universitário São Camilo, 2009a.

_____. **Distanásia**: até quando prolongar a vida? 2. ed. São Paulo: Centro Universitário São Camilo; Loyola, 2007.

_____. Terminalidade da vida e o novo Código de Ética Médica. **Revista Bioethikos**, v. 4, n. 2, p. 127-129, 2010. Disponível em: <http://www.saocamilo-sp.br/pdf/bioethikos/76/127.pdf>. Acesso em: 6 mar. 2018.

PESSINI, L.; BARCHIFONTAINE, C. de P. de. (Org.). **Bioética clínica e pluralismo**: com ensaios originais de Fritz Jahr. São Paulo: Centro Universitário São Camilo; Loyola, 2013.

_____. **Fundamentos da bioética**. 4. ed. São Paulo: Paulus, 2009b.

PIO XII, Papa. **Discurso del Santo Padre Pío XII sobre tres cuestiones de moral médica relacionadas com la reanimación**. 24 nov. 1957. Disponível em: <http://w2.vatican.va/content/pius-xii/es/speeches/1957/documents/hf_p-xii_spe_19571124_rianimazione.html>. Acesso em: 6 mar. 2018.

PONTIFÍCIA ACADEMIA PARA A VIDA. **Declaração sobre a produção e o uso científico e terapêutico das células estaminais embrionárias humanas**. Vaticano, 25 ago. 2000. Disponível em: <http://www.vatican.va/roman_curia/pontifical_academies/acdlife/documents/rc_pa_acdlife_doc_20000824_cellule-staminali_po.html>. Acesso em: 6 mar. 2018.

PONTIFÍCIA ACADEMIA PRO VITA. **Reflexões sobre a clonagem**. 1997. Disponível em: <http://www.vatican.va/roman_curia/pontifical_academies/acdlife/documents/rc_pa_acdlife_doc_30091997_clon_po.html>. Acesso em: 6 mar. 2018.

PONTIFÍCIA COMISSÃO BÍBLICA. **Bíblia e moral**: raízes bíblicas do agir cristão. 11 maio 2008. Disponível em: < http://www.vatican.va/roman_curia/congregations/cfaith/pcb_documents/rc_con_cfaith_doc_20080511_bibbia-e-morale_po.html>. Acesso em: 15 mar. 2018.

PONTIFÍCIO CONSELHO "JUSTIÇA E PAZ". **Compêndio da doutrina social da Igreja**. 2. ed. São Paulo: Paulinas, 2011.

POTTER, V. R. **Bioética**: ponte para o futuro. Tradução de Diego Carlos Zanella. São Paulo: Loyola, 2016.

RAMOS, D. L. de P.; LOPES, A. G. Ciência e fé: a questão moral sobre o avanço e a utilização das biotecnologias. In: CNBB – Conferência Nacional dos Bispos do Brasil. **Questões de bioética**. São Paulo: Paulus, 2010. p. 23-45. (Estudos da CNBB 98).

RESOLUÇÃO das Nações Unidas sobre a clonagem humana. In: PESSINI, L. **Bioética**: um grito por dignidade de viver. 4. ed. São Paulo: Paulinas; Centro Universitário São Camilo, 2009, p. 240-254. Anexos.

RUSSO, G. **Bioética em diálogo com os jovens**. Tradução de Padre Adérito Lourenço Louro. Lisboa: Paulus, 2010.

_____. **Educar para a bioética**: pela escola, pela catequese, pela pastoral da juventude. Tradução de Attílio Brunetta. Petrópolis: Vozes, 1997.

SAGRADA CONGREGAÇÃO PARA A DOUTRINA DA FÉ. **Declaração sobre o aborto provocado**. Roma, 18 nov. 1974. Disponível em: <http://www.vatican.va/roman_curia/congregations/cfaith/documents/rc_con_cfaith_doc_19741118_declaration-abortion_po.html>. Acesso em: 6 mar. 2018.

SAGRADA CONGREGAÇÃO PARA A DOUTRINA DA FÉ. **Declaração sobre a eutanásia**. Roma, 5 maio 1980. Disponível em: <http://www.vatican.va/roman_curia/congregations/cfaith/documents/rc_con_cfaith_doc_19800505_euthanasia_po.html>. Acesso em: 6 mar. 2018.

_____. **Instrução sobre o respeito à vida humana nascente e a dignidade da procriação**. 22 fev. 1987. Disponível em: <http://www.vatican.va/roman_curia/congregations/cfaith/documents/rc_con_cfaith_doc_19870222_respect-for-human-life_po.html>. Acesso em: 20 mar. 2018.

SANTA SÉ. **Pontificias Academias de Ciencias, Ciencias Sociales, para la Vida**. Disponível em: <http://www.vatican.va/roman_curia/pontifical_academies/acdlife/documents/rc_pa_acdlife_pro_20051996_sp.html>. Acesso em: 6 mar. 2018.

SASS, H.-M. Post scriptum. In: PESSINI, L.; BARCHIFONTAINE, C. de P. de. (Org.). **Bioética clínica e pluralismo**: com ensaios originais de Fritz Jahr. São Paulo: Centro Universitário São Camilo; Loyola, 2013, p. 503-514.

SAUNDERS, C. Into the valley of shadow of death. British Medical Journal (v. 313) [21-28 dez. 1996] p. 1599-1601. In: PESSINI, L.; BERTACHINI, L.; BARCHIFONTAINE, C. P. (Org.). **Bioética, cuidado e humanização**. São Paulo: Centro Universitário São Camilo/Loyola/IBCC Centro de Estudos, 2014. v. 3: Humanização dos cuidados de saúde e tributos de gratidão. p. 665-669.

SCHWEITZER, A. **Die Ehrfurcht vor dem Leben**. München: C. H. Beck, 2008.

_____. **Ehrfurcht vor den Tieren**. München: Verlag C. H. Beck, 2011.

SESBOÜÉ, B. **Deus e o conceito de pessoa**. 21 jan. 2002. Palestra. Disponível em: <http://www.faculdadejesuita.faje.edu.br/documentos/091111-DEUSEOCON CEITODEPESSOA.doc>. Acesso em: 6 mar. 2018.

SGRECCIA, E. **Manual de bioética**. Tradução de Orlando Soares Moreira. São Paulo: Loyola, 1996. v. 1: Fundamentos e ética biomédica.

_____. **Manual de bioética**. Tradução de Orlando Soares Moreira. São Paulo: Loyola, 1997. v. 2: Aspectos médico-sociais.

SIQUEIRA, J. R. Médico e paciente: amigos ou estranhos morais? In: PESSINI, L.; BERTACHINI, L.; BARCHIFONTAINE, C. P. (Org.). **Bioética, cuidado e humanização**. São Paulo: Centro Universitário São Camilo; Loyola; IBCC Centro de Estudos, 2014. v. 2: Sobre o cuidado respeitoso. p. 331-347.

SOARES, A. M. Bioética e situações ao final da vida. In: CNBB – Conferência Nacional dos Bispos do Brasil. **Questões de bioética**. São Paulo: Paulus, 2010. p. 113-127. (Estudos da CNBB 98).

SOARES, A. M.; RAMOS, D. L. de P.; MOSER, A. Comissões diocesanas de bioética: uma sugestão. In: CNBB – Conferência Nacional dos Bispos do Brasil. **Questões de bioética**. São Paulo: Paulus, 2010. p. 125-135. (Estudos da CNBB 98).

TRIBUNAL INTERNACIONAL DE NUREMBERG. **Código de Nuremberg**. 1947. Disponível em: <http://www.gtp.org.br/new/documentos/nuremberg.pdf>. Acesso em: 20 mar. 2018.

UNESCO – Organização das Nações Unidas para a Educação, Ciência e Cultura. Comissão Nacional da Unesco – Portugal. **Declaração Universal sobre bioética e direitos humanos.** Lisboa: Unesco, 2006. Disponível em: <http://unesdoc.unesco.org/images/0014/001461/146180por.pdf>. Acesso em: 6 mar. 2018.

UNITED STATES HOLOCAUST MEMORIAL MUSEUM. **As experiências médicas nazistas.** 1993. Disponível em: <https://www.ushmm.org/wlc/ptbr/article.php?ModuleId=10005168>. Acesso em: 6 mar. 2018.

VATICANO revela últimas palavras de João Paulo 2º. **BBC Brasil,** 18 set. 2005. Disponível em: <http://www.bbc.com/portuguese/noticias/story/2005/09/050918_papams.shtml>. Acesso em: 15 mar. 2018.

WHO – World Health Organization. **The World Health Report 1998 – Life in the 21st Century:** A Vision for All. Geneva: WHO, 1998. Disponível em: <http://www.who.int/whr/1998/en/whr98_en.pdf>. Acesso em: 6 mar. 2018.

ZOBOLI, E. O cuidado: no encontro interpessoal o cultivo da vida. In: BERTACHINI, L.; PESSINI, L. **Encanto e responsabilidade no cuidado da vida:** lidando com desafios éticos em situações críticas e de final de vida. São Paulo: Paulus, 2011. p. 57-70.

ZYCINSKI, J. M. **Intervenção da Santa Sé na IV Conferência Ministerial do "Processo de Bolonha".** 19 maio 2005. Disponível em: <http://www.vatican.va//roman_curia/secretariat_state/2005/documents/rc_seg-st_20050519_bologna-process_po.html>. Acesso em: 6 mar. 2018.

Bibliografia comentada

A bibliografia que indicamos a seguir é referência em bioética, além de compor um convite ao estudo da área, tendo em vista seus desdobramentos em diversos autores e instâncias eclesiais. A seleção apresentada contempla a introdução à área, o pensamento do Magistério e a abordagem – personalista – que nasceu no ambiente eclesial, fundamentada nos valores cristãos em diálogo com as ciências humanas. Atualmente, essas obras também são referência em ambientes acadêmicos e científicos laicos.

DURAND, G. **Introdução geral à bioética**: história, conceitos e instrumentos. Tradução de Nicolás Nyimi Campanário. 2. ed. São Paulo: Loyola, 2007.

A obra de Durand é bastante abrangente na abordagem da ética, da ética médica e da bioética. O itinerário histórico e a diversidade de conceitos reunidos permitem, de imediato, o encontro com o diferente em uma dimensão relevante da bioética. Essa proposta não apresenta uma reflexão que se restringe a determinada especialidade, mas debates abrangentes construídos com base em diversas áreas.

As abordagens secular, prospectiva e global indicam diferentes formas de tratamento, que encontram, atualmente, seus críticos. Uma abordagem secular é de fato secular? É possível alguém ignorar suas convicções religiosas e políticas e ser "neutro" em seus debates? Tendo em vista essas questões, Durand apresenta os temas da bioética em diferentes ambientes sociais e culturais. Suas reflexões pautam casos emblemáticos da bioética que suscitaram uma reação da sociedade e, consequentemente, do poder público. Por esse movito, a obra também indica como surgiram leis e regulamentações em diferentes partes do mundo.

Em suma, essa obra apresenta o itinerário do desenvolvimento da bioética desde a ética médica e trata de inúmeras questões interpeladoras para o tempo atual.

JOÃO PAULO II, Papa. **Evangelium Vitae**. Roma, 25 mar. 1995. Disponível em: <http://w2.vatican.va/content/john-paul-ii/pt/encyclicals/documents/hf_jp-ii_enc_25031995_evangelium-vitae.pdf>. Acesso em: 6 mar. 2018.

Essa carta encíclica é um dos documentos atuais mais completos do Magistério sobre questões fundamentais da bioética do início ao fim da vida. O Papa João Paulo II lança importantes luzes sobre a vida humana, a começar pela concepção cristã da vida; ressalta as situações de vida e de morte na longa peregrinação do Povo de Deus; e reflete sobre as urgentes questões da vida à luz do quinto mandamento (não matar). Para os cristãos, especialmente, é uma interpelação com relação à responsabilidade na construção de uma cultura da vida.

O Papa João Paulo II também aborda os temas cruciais da vida sob o impacto da cultura da morte e apela para um justo juízo moral mediante a compreensão mais precisa dos termos próprios da área, particularmente aqueles relacionados ao fim da vida. A precisão ajuda a entender o ensinamento da doutrina católica, que se opõe tanto à antecipação da morte quanto ao seu distanciamento: a obstinação terapêutica.

O que torna o documento imprescindível no campo da bioética são os seguintes requisitos: seu fundamento, sua forma e a extensão de sua abordagem. Os fundamentos cristãos, as tendências socioculturais e o amplo conjunto de temas contribuem para uma visão geral dos desafios éticos no campo da vida. Ainda assim, é preciso considerar a velocidade dos avanços tecnológicos e as rápidas mudanças sociais. Novos desafios podem se apresentar a qualquer momento, assim como novos focos podem se tornar necessários de acordo com a época, o lugar e a situação. Em síntese, o documento apresenta ponderações que se sustentam em princípios fundamentais, como a dignidade humana.

SGRECCIA, E. **Manual de bioética**: fundamentos e ética biomédica. Tradução de Orlando Soares Moreira. São Paulo: Loyola, 1996. v. 1.

_____. **Manual de bioética**: aspectos médico-sociais. Tradução de Orlando Soares Moreira. São Paulo: Loyola, 1997. v. 2.

Os dois tomos do *Manual de bioética*, do Cardeal Elio Sgreccia – referência mundial na área –, apresentam as dimensões fundamentais da abordagem personalista. Como alerta o próprio autor, a obra está pautada na visão da unitotalidade da pessoa, a qual não deve ser confundida com *individualismo*. A bioética, ao trazer o corpo para o foco de seus debates, propõe um desafio para as reflexões teológico-pastorais. O corpo, visto no passado como um mal necessário para a alma, ao superar essa dicotomia, de modo particular afirmada no Concílio Vaticano II, precisou ser redimido na Igreja Católica. Sua importância para a identidade e para o sentido da pessoa e de suas dimensões, que vão além de um complexo composto de membros com funções meramente biológicas, constitui o fundamento da abordagem personalista. Sgreccia inclui em sua obra a bioética de fronteira, de situações críticas da vida e do cotidiano. Com isso, apresenta um amplo espectro de assuntos relacionados ao impacto dos contextos socioeconômico e cultural sobre a vida.

Apêndice

O estudo da bioética é um convite ao aprofundamento de cada tema exposto neste livro e, ao mesmo tempo, à atuação em favor da vida humana, que pode ocorrer por meio do exercício da cidadania nas instâncias participativas dedicadas ao cuidado com a pessoa humana – como na saúde, na educação e na segurança – ou do engajamento profético no campo da vida – pela atuação como discípulo e missionário da Igreja em saída.

A missão começa com o estudo e o aprofundamento das questões cruciais da vida à luz da fé cristã, sendo imprescindível, para isso, a leitura de documentos como a encíclica *Evangelium Vitae* e o Catecismo da Igreja Católica – CIC (quinto mandamento)[1]. Ao obtermos uma formação sólida, nossa presença na sociedade se torna mais convincente e significativa, visto que o diálogo entre diferentes saberes e opiniões

---

[1] Tanto os documentos do Magistério quanto os dos Pontifícios Conselhos estão disponíveis na biblioteca virtual do Vaticano. Disponível em: <www.vatican.va>. Acesso em: 6 mar. 2018.

sobre questões tão complexas como a bioética só é fecundo se há domínio da área em questão.

A seguir, apresentamos duas das inúmeras possibilidades de comprometimento humanitário e cristão:

1. **Participação das comissões de bioética locais:** Caso ainda não existam, fica o convite para a criação de um grupo de estudos bioéticos que seja adequadamente preparado para constituir uma comissão com tarefas similares às da Comissão da Conferência Nacional dos Bispos do Brasil (CNBB), porém com atribuições e características locais (Anexo 1).
2. **Participação da pastoral da saúde, mais especificamente, nas ações da dimensão político-institucional:** Espaço eclesial com a relevante tarefa de garantir presença significativa nos conselhos de saúde locais, nos quais efetivamente se espera a atuação da Igreja em saída (Anexo 2).

Anexos

Anexo 1

Regimento interno da Comissão de Bioética da Conferência Nacional dos Bispos do Brasil (CNBB)

[...]

II. Natureza

É um grupo interdisciplinar, sem fins lucrativos, de profissionais de reconhecida qualidade humana e acadêmica, conhecedores dos grandes questionamentos dos avanços biomédicos atuais, relacionados com as ciências da vida, da saúde e humanas. Cabe a esses profissionais oferecerem seus conhecimentos à luz da ciência e da fé, iluminados pelo Magistério da Igreja, têm missão de apoiar o episcopado brasileiro no serviço evangelizador do Povo de Deus, acerca do valor e dignidade humana e para a construção de uma cultura da vida (cf. *Evangelium vitae*, n. 95)

III. Objetivos

- Analisar as questões bioéticas nos campos da Biologia, Genética, Medicina, Antropologia, Sociologia e Direito, com a finalidade de emitir recomendações periódicas, assim como opiniões às consultas solicitadas pelo episcopado brasileiro ou por cada um de seus membros.
- Colaborar na difusão da cultura da vida, à luz da ciência e da fé e do Magistério da Igreja Católica Romana, de acordo com o Código de Direito Canônico, as linhas de ação da CNBB e o presente regimento.
- Assessorar a CNBB acerca dos principais temas bioéticos apresentados no contexto atual da sociedade e oferecer, com espírito de serviço à verdade e ao bem integral do ser humano, sua opinião sobre tais questões à luz dos princípios teológicos, morais e éticos acerca da natureza da pessoa humana e da ecologia.
- Estabelecer contato permanente com outros centros de reflexão bioética, civis e religiosos, tanto nacionais quanto internacionais.
- Estabelecer contato permanente com outros grupos eclesiais dedicados à ação operativa.
- Buscar o diálogo e a ação ecumênica e inter-religiosa em favor da natureza da pessoa humana e da família.

[...]

Fonte: CNBB – Conferência Nacional dos Bispos do Brasil. **Questões de bioética**.
São Paulo: Paulus, 2010. p. 125. (Estudos da CNBB 98).

Anexo 2

Dimensão político-institucional [da Pastoral da Saúde]

93. Objetivo:
Zelar para que os organismos e instituições públicas e privadas que prestam serviços de saúde e formam profissionais nessa área tenham presente sua missão social, política, ética, bioética e comunitária.

Linhas de ação:
- Contribuir para a humanização e para a evangelização dos trabalhadores do mundo da saúde, das instituições de saúde e das escolas em que se formam os profissionais relacionados com a área.
- Promover e defender a saúde como um direito fundamental do ser humano, vinculado com a solidariedade, com a igualdade, com a integralidade e com a universalidade.
- Participar ativa e criticamente das instâncias oficiais que decidem as políticas de saúde da nação, do Estado, da região e do município através do controle social e da gestão participativa.
- Promover relações interinstitucionais assistenciais e educativas com o fim de compartilhar recursos materiais, financeiros, humanos e da geração de ações e projetos comuns.
- Favorecer a formação permanente dos profissionais de saúde nas áreas da humanização, da ética e da bioética.
- Incentivar a criação de associações católicas de profissionais da saúde.
- Criar consciência sobre o compromisso social dos profissionais da saúde para que prestem serviços de educação, de prevenção e de assistência em termos de saúde às comunidades mais pobres, nos bairros marginalizados e às zonas rurais.

- Refletir à luz da fé cristã e da pessoa de Jesus sobre a realidade da saúde e da doença, assim como sobre as implicações da ciência, da tecnologia e da bioética.
- Promover a conscientização das comunidades sobre o direito à saúde e o dever de lutar por condições de vida mais humanas: o direito à terra, ao trabalho, ao salário justo, à habitação, à alimentação, à educação, ao lazer, aos serviços públicos básicos, à conservação da natureza.

Fonte: CELAM – Conselho Episcopal Latino-Americano. **Discípulos missionários no mundo da saúde**: guia para a pastoral da saúde na América Latina e no Caribe. São Paulo, 2010. p. 73.

Capítulo 1
Atividades de autoavaliação
1. a
2. b
3. d
4. a
5. b

Capítulo 2
Atividades de autoavaliação
1. d
2. c
3. d
4. b
5. a

Capítulo 3
Atividades de autoavaliação
1. d
2. a
3. d
4. c
5. d

Capítulo 4
Atividades de autoavaliação
1. b
2. c
3. d
4. a
5. b

Capítulo 5
Atividades de autoavaliação
1. a
2. d
3. d
4. d
5. a

Capítulo 6
Atividades de autoavaliação
1. b
2. d
3. a
4. b
5. c

Sobre a autora

Geni Maria Hoss é doutora em Teologia com ênfase em Teologia Prática: Bioética e Ecologia pelas Faculdades EST, de São Leopoldo (RS), com pesquisa parcial na universidade Karls-Ruprecht-Universität de Heidelberg, na Alemanha. É mestra em Teologia na área de aconselhamento pastoral pelas Faculdades EST, especialista em Bioética e graduada em Teologia pela Pontifícia Universidade Católica do Paraná (PUCPR).

Atua como docente, assessora e organizadora de cursos nas áreas de bioética, humanização em saúde, aconselhamento pastoral, espiritualidade e sustentabilidade socioambiental, pastoral da saúde, planejamento pastoral e projetos de solidariedade e voluntariado.

Suas publicações científicas, seus artigos e seus capítulos de livros abordam principalmente as seguintes temáticas: a origem da bioética, a ética no cuidado da vida humana, as relações éticas com todos os seres vivos e o diálogo entre os diversos saberes das ciências humanas e da natureza.

Os papéis utilizados neste livro, certificados por instituições ambientais competentes, são recicláveis, provenientes de fontes renováveis e, portanto, um meio **respons**ável e natural de informação e conhecimento.

FSC
www.fsc.org
MISTO
Papel | Apoiando o manejo florestal responsável
FSC® C103535

Impressão: Reproset
Agosto/2023